江苏人民教育家培养工程丛书（第三辑）

地理链式教学模式构建

DILILIANSHI JIAOXUEMOSHI GOUJIAN

王 刚 著

江蘇鳳凰教育出版社
Phoenix Education Publishing, Ltd

图书在版编目(CIP)数据

地理链式教学模式构建 / 王刚著. —南京：江苏凤凰教育出版社，2022.10

(江苏人民教育家培养工程丛书. 第三辑)

ISBN 978-7-5743-0125-2

Ⅰ. ①地… Ⅱ. ①王… Ⅲ. ①中学地理课—教学模式—研究—高中 Ⅳ. ①G633.552

中国版本图书馆 CIP 数据核字(2022)第 168629 号

江苏人民教育家培养工程丛书(第三辑)

书　　名	**地理链式教学模式构建**
作　　者	王　刚
责任编辑	韩宇新
出版发行	江苏凤凰教育出版社(南京市湖南路 1 号 A 楼　邮编:210009)
苏教网址	http://www.1088.com.cn
照　　排	江苏凤凰制版有限公司
印　　刷	南京顺和印刷有限责任公司
厂　　址	南京市江宁区麒麟街道天和路 78 号
开　　本	787 毫米×1092 毫米　1/16
印　　张	10.75
插　　页	2
版　　次	2022 年 10 月第 1 版
印　　次	2022 年 10 月第 1 次印刷
书　　号	ISBN 978-7-5743-0125-2
定　　价	29.00 元
网店地址	http://jsfhjycbs.tmall.com
公 众 号	苏教服务(微信号:jsfhjy)
邮购电话	025-85406265,025-85400774
盗版电话	025-83658579

为江苏未来教育家成长奠基

纵观世界教育史，每一次深刻的教育变革都离不开教育家的参与和推动。邓小平同志在1986年就提出“希望中国出现一大批三四十岁的优秀的科学家、教育家、文学家和其他各种专家”。2007年《国家教育事业发展“十一五”规划纲要》明确提出了“倡导教育家办学”的方针。《国家中长期教育改革和发展规划纲要(2010—2020年)》也明确提出，要创造有利条件，鼓励教师和校长在实践中大胆探索，创新教育思想、教育模式和教育方法，形成教学特色和办学风格，造就一批教育家，倡导教育家办学。

倡导教育家办学，要在扎根于民族文化土壤的同时，吸纳一切人类文明成果，形成具有本土特色和全球视野的教育实践和教育智慧。在我国源远流长的几千年文明发展进程中，不仅积淀了丰富的教育话语体系，而且涌现出一批又一批的优秀教育家。如，有被推崇为“大成至圣先师”“万世师表”的孔子，有“匹夫而为百世师，一言而为天下法”的韩愈，有“捧着一颗心来，不带半根草去”的人民教育家陶行知，等等。

江苏素有重教兴学的优良传统。明清两代全国203名状元中，有66人出自江苏，约占总数的三分之一。新中国成立以来，两院院士三分之一以上是江苏籍。“十一五”规划以来，江苏认真贯彻国家、省教育规划纲要，坚持把优先发展教育作为强省之基，把科教与人才强省作为经济社会发展的基础战略，扎实做好教育改革发展各项工作。为顺应发展要求，江苏在2009年启动实施“江苏人民教育家培养工程”，旨在通过培养一批具有教育家潜质的校长、教师，带动全省师资队伍建设，提高全省教育质量。工程启动和实施以来，得到了省内外同行的高度关注，《中国教育报》《人民教育》等权威教育媒体纷纷予以报道，给予了很多的支持和鼓励。在工程的带动下，全省基础教育人才队伍建设工作蓬勃开展，人才梯队不断优化，人才培养形成常态化。无锡的教育名家培养工程、常州和镇江的名师工作室、苏州的姑苏人才计划、南通和淮安的名师名校长培养工程、连云港的中小学高层次人才"333"工程、泰州的中小学卓越教师培养计划、扬州的领雁工程等都取得了良好成效，为江苏基础教育事业的明天提供了人才支撑。

一、设计思路

古今中外的教育家，虽然成长路径各不相同，但他们身上都有一个共同特点，那就是都有强烈的发展愿景，都是积极主动、持之以恒地追求自我发展。而有计划的培养可以促其自觉、促其坚定、催其奋进、助其提高。实践证明，通过有效地整合社会资源，建立系统而完整的培养制度，对培养对象进行引领、促进、支持，给予他们相对良好的成长空间和必要的规制，有助于他们更快更好地成长。我们认为，确立"人民教育家是可以培养的"观念，是科学的人才观、发展观在师资队伍建设中的体现。

确立目标宗旨。为一批立志终身从教、教育理念新、科研能力强、专长突出、风格鲜明、发展潜力大的中小学教师和校长创造条件，提供平台，给予重点培养，帮助他们在教育理论素养和创新实践能力等方面得到全面提升，使其个人专长更加凸显，特色风格更加鲜明，为他们成长为社会公认的人民教育家奠定基础，并以此带动和促进全省中小学师资队伍水平的整体提升，为江苏建设教育强省、率先实现教育现代化、办人民满意的教育做出更大的贡献。

制订培养计划。工程实施的目标是培养基础教育高端人才。从2009年起，计划在全省范围内分四批选拔200名特级教师进行重点培养。200个培养名额，低于特级教师总数的20%，不到中小学专任教师总数的万分之三。分四批培养，每批50人，确保每一名培养对象都能享有足够好、足够多的专家资源、活动资源、财力资源和实践平台，保证培养过程更加具有科学性、针对性和有效性。

明晰选拔标准。分析近代以来我国教育家表现出来的特质，我们发现他们具有三个方面的共同特质：一是志存高远，具有远大的教育理想，"敢探未发明的新理"，善于发现和潜心研究教育问题，形成自己独到的教育思想；二是学高为师，具有丰富的学识和科学的经验，勇于探索，在办学理念和思路、学校建设与管理、教育教学方式等方面形成鲜明的特色和风格；三是身正为范，具有高尚的人格魅力，热爱学生，尊重学生，对学生有大爱之心，并有较大的社会影响。为此，在培养对象的选拔上，我们确定了"坚持一个基本条件、着重考察三个方面"的遴选原则。基本条件必须是特级教师，是"师德的表率、育人的模范、教学的专家"。在此基础上，着重考察培养对象是否有正确的、强烈的成长动机，有为人民教育事业奋斗终生的坚定理想和不懈追求；是否具有深厚的教育理论素养、文化素养和专业素养，有成为人民教育家的基础条件和发展潜力；是否具有高尚的人格魅力，在区域和学科专业领域内声望高、影响大、示范性强，受到同行、学生、家长和社会的广泛敬重和好评。

二、制度建构

“江苏人民教育家培养工程”是一项系统性工程，旨在探索高端教育人才培养的政策、制度和实践模式，以培养对象的教育思想、办学行为和先进事迹激发全省所有校长、教师的教育热情和奉献精神。经过五年的实践探索，逐步形成了一套比较完整的培养体系，制定了《江苏人民教育家培养工程实施指南》，形成了管理、培养、考核“三位一体”的培养工作机制。

建立了管理机构。在管理上，江苏省教育厅成立了“江苏省人民教育家培养工程领导小组”，负责培养工作的整体把握和指导，指定江苏省教育科学研究院负责工程的具体实施工作。根据培养对象的特点和研究方向，成立了分学段或分学科领域和学校管理等不同培养方向的五个研修组。与培养对象相对应，组建了五个专家指导小组，通过个别指导和集体指导相结合的模式，就培养对象的发展规划、研究方向、课题研究进行指导。

搭建了培养平台。在培养上，以“政府创设平台、专家引领指导、个人主动发展、团队共同提高”为培养机制，以帮助培养对象“提高师德修养、拓展教育视野、创新教学理念、提高教育教学能力水平”为核心培养内容，规划实施了九大系列培养计划：催生教育主张——培养对象理论素养提升计划；聆听高端讲座——培养对象知识结构更新计划；牵手农村教育——培养对象责任修炼计划；推动教育创新——培养对象实践模式构建计划；走近教育家——培养对象分类阅读计划；聚焦实践问题——培养对象小组合作研究计划；带动共同发展——培养对象团队建设计划；教育家办学——影响力论坛计划；行者无疆——教育考察计划。围绕计划，在2014年至2019年第三期培养对象培养期内，共开展省级集中活动20余次、小组活动近100次。

制定了考核制度。在考核上，江苏省教育厅委托省教育科学研究院与培养对象签订“目标责任书”，依据目标责任书开展年度考核、中期考核和终期考核工作。其中，年度考核实行报告评价式考核，研修小组和培养对象每年要做一次工作总结，报告一次研修心得；中期考核在培养期的第三年举行，实行发展性评估考核；终期考核按目标责任书实行目标考核。培养周期完成，在个人考核的基础上，成立“培养工作评估项目组”，对项目实施情况进行整体评估。

提供了条件保障。主要从专家、平台、经费等方面为工程实施及培养对象提供专业支持、环境支持和政策支持。一是组建了专家指导团队，聘请了国内一流专家。目前共聘请专家119人次，其中为第三期培养对象聘请的专家有35人。二是设立省教育科学规划"十三五"人民教育家培养对象专项课题,鼓励培养对象申报教育科研课题研究项目,通过课题研究推动培养对象成长。三是为每位培养对象至少安排一次出国研修的机会、召开一次教育思想研讨会、资助出版一部专著,为他们形成教育教学思想创造条件。

三、实践成效

工程实施以来,每一位培养对象都以教育家的素养标准要求自己,经过五年努力,提升了综合素养,取得了很多教育教学成果,带动了区域内多元团队的共同发展,还通过跨区域的合作在更大范围发挥了重要作用。

素质显著提高。五年的研修对每一位培养对象来说都是一个迅速进步的过程,他们的专业素养与教育能力不断提升,教育思想已现雏形。其一,潜心读书,提升了专业素养。有的培养对象五年阅读了100多部专著,撰写了40多万字的读书笔记。其二,实践探索,提高了教育能力。通过构建自己的课堂教学模式提高课堂教学质量,通过成立名师工作室和建设学科基地发挥辐射作用,通过管理模式的变革寻求学校的优质发展,已成为培养对象的行为自觉。其三,活动研修,拓宽了教育视野,丰富了发展内涵,增强了服务江苏教育发展的责任感与使命感。其四,自省反思,凝练了教育思想。通过回顾和反思、梳理和归纳,做到更深刻地认识、更清晰地表达自己的教育理念,初步形成了自己的教育思想。

研究成果丰硕。五年来,各位培养对象在实践研究方面积极进取,取得了丰硕成果。据不完全统计,第三期培养对象公开发表论文880篇,其中在核心期刊发表191篇;编著图书79本,出版专著35本;主持市级以上课题(项目)研究166项,开设县级以上公开课、讲座1821节(次);被媒体报道210次。教学办学上,他们不仅善于把自己的教育理念运用到实践中去,而且非常注重特色成果的形成,成为江苏基础教育改革大背景下一例例鲜活的典型。他们的教育教学实践获得了广泛认可,产生了深远的影响,累计获得各级各类荣誉表彰300余项。这些成果来之不易,体现了各培养对象不断超越、勤于探索的精神。

带动效应显著。培养对象皆有自己领衔的发展团队,不仅有学校管理团队、教师集体和学科教师团队,而且有市(区、县)的名师团队、骨干教师团队,为带动当地教师发展做出了很大贡献。在团队发展过程中逐渐形成了由"被动发展"走向"主动发展"、由"短期性发展"走向"持续式发展"的良好格局,表现出相当高的发展水平与强大的辐射力。另外,第三期培养对象共开展"牵手农村教育"活动近30次,覆盖近30个县、市(区)50多所农村学校,发挥了培养对象的专业服务作用,带动了农村地区教师专业发展。难能可贵的是,他们在成为"培养对象"后,依然有着清醒的自我认识。他们常常淡看自己的努力和成就,却对"机遇"怀有感恩之心。正如一位培养对象所说:"孔子的彼岸是闻达于诸侯,我在想我们的彼岸是什么?也许我一辈子也成不了教育家，但我可以拥有教育家的志向、教育家的情怀、教育家的理想。在培养工程一千多个日日夜夜里，我如农夫般日日耕耘，如哲人般时时自省。从此岸到彼岸，是岁月的距离，更是成长的步履。让我们揣着梦想、带着感恩、携着激情，执着行走在成为教育家的路上，不为彼岸只为海！”

当前，江苏教育系统正在全面学习贯彻落实党的十九大精神，全力推进教育现代化建设，坚持以立德树人为根本，以发展素质教育为主题，以提高教育质量为核心，以促进教育公平为重点，以服务经济社会发展为重任，以深化教育教学改革为动力，以扩大教育对外开放、提升教育国际合作交流水平为重要路径，以教育信息化为着力点，以争取加大教育投入、建设高素质专业化教师队伍为关键，探索建立中国特色现代学校制度，努力营造健康向上的校园文化和有利于教育改革发展的社会氛围，努力办好人民满意的教育。衷心地希望“江苏人民教育家培养工程”的实践探索能给我国推进教育发展和办学专业化、促进高端教育人才成长提供借鉴。

编委会
2020 年 11 月

目录 CONTENTS

前 言

地理核心素养的由来概况。2003 年以前的高中地理教学大纲都以知识教学为主要目标；2003 年课程标准提出三维目标；2017 年年底，教育部制订了初高中地理课程标准，将三维目标整合成核心素养。从知识教学要求到三维目标，再到核心素养，历经“分—统—合”的过程。1990 年大纲和 2002 年大纲虽然提出了地理知识、技能、方法、情感要求，非常细致具体，但有些零碎、散乱。2003 年课标则将以前大纲中的各种“要求”用“三维目标”来统领和归类。2017 年课标提出的四个地理核心素养则更精炼、更简洁、更概括，是三维目标高度融合成的整体，具有地理特点，学科性强。所以，核心素养是从教学大纲、2003 年课标中逐渐归纳、概括与提炼出来的，经历了分散（各类教学要求）—统整（三维目标）—融合（核心素养）的过程。

新旧教学观念的转换困境。2018 年后，在新旧课标转换时期，常规或传统教学观念与新课标理念存在冲突：如何将三维目标整合成核心素养目标？目标知识化还是目标情境化？知识问题化还是情境问题化？问题结论化还是问题活动化？成果抽象化还是成果“感觉化”？新课标的教学模式与以前有什么变化？如何在教学实践中真正落实新课标理念？

地理链式教学模式是新课标理念落地课堂较为合适的模式。解决上述冲突，必须以整体化的思路，建构一种链式教学模式，方能系统化克服上述困惑，并能够整合新课标各种理念。

地理链式教学模式可以全面、深入促进新课标理念落地课堂。通过对 2017 年版 2020 年修订的课标进行了多次分析、反复研究，分析它与以前课标的不同之处。新课标的教学理念主要有核心素养、情境、问题式、开放式、深度、学生活动、结构化、整体性、思维评价等系列教学理念。取其内在精髓和核心理念，结合个人的实践教学经验，总结出了新课标的教学模式——链式教学模式。认为链式教学模式的主要目的就是：因应新课标核心素养的要求，串好与核心素养紧密相连的各个教学环节，从整体上强化学生的地理核心素养。这就是新课标理念“落地”的教学模式。因为它对接了新课标各种理念。因此，构建地理链式教学模式，可以帮助地理教师清晰地选择正确的做法，为地理教师提供新课标理念的备课方式和程序，促进教师反思常规教学观念，顺利拥有新课标的理念。

在新旧课标转型之际，一些地理教师不知从何下手去落实新课标理念，其实地理链式教学模式能为地理教师深刻理解新课标理念，并将之真正落地课堂提供了行之有效的突破口和践行路径。

第一章 地理链式教学模式的结构与理念

第一节 借助跨界思维,构建地理链式教学模式

所谓地理链式教学模式,就是素养目标(目标)、真实情境(情境)、问题链(问题)、学生活动(活动)、成果(地理感觉)五大教学环节构成链式联动的整体关系。其理念与以前课标理念有较大区别。

一、跨界思维下的地理链式教学模式

地理链式教学模式类似产业链和食物链,属于一种跨界思维概念。地理链式教学模式,一方面来自产业链的启发。完整产业链是由上游(原材料、零部件)、中游(加工组装)、下游(服务)企业紧密相连构成,以客户需求为导向,有结构属性和价值属性。产业链经济说明产品附加值高,经济发展更加成熟、更加稳定,效益好,质量优。另一方面来自食物链的启发。食物链是指生物相互制约、相互依存所形成的食物网络关系,其中任何一个环节出现了问题,灾难就会降临。所以应维持它们之间的良性关系,要保护生态环境、维护生态平衡。

地理课堂教学各环节之间的内在联系也类似产业链和食物链。它由上游链、中下游链相互依赖、紧密相关,构成一个整体,发挥强大的整体教学效应。一旦缺失其中一个链条,新课标理念就不能完美、整体落地课堂。

二、地理链式教学的模式、结构

(一) 主链和从链构成链式教学的两大主体部分

地理链式教学模式分为主链与从链两部分。

1. 主链

目标、情境、问题、活动、成果五大环节之间形成链式联动的关系,构成地理链式教学模式的主链。其中素养目标控制着全过程每个环节,使得各环节紧密联系,形成一个完整的有机系统。目标、情境为供给链,是上游链,提供给学生学习资源和学习目标;问题、活动、成果为学生需求链,是学生学习的下游链,是学生自己加工学习材料形成自己

"学习产品"的链条。教师为服务者、指导者、咨询者，一切以满足客户（学生）的需求为中心。地理链式教学模式为学生提供增值、创新、深层次的个性化体验和多向互动的参与平台，因此就成了有意义的价值链。如图 1 所示。

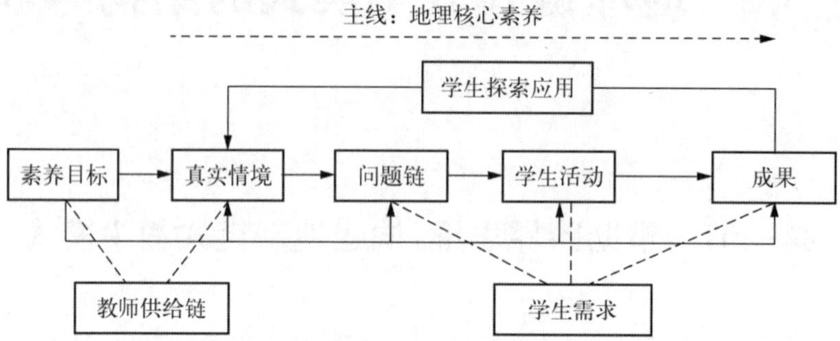

图 1　地理链式教学模式的主链

主链中前后环节间的具体关系是：核心素养与教学目标间的关系，就是素养目标化；素养目标与真实情境间的关系，就是目标情境化；真实情境与问题链间的关系，就是情境问题化；问题链与学生活动间的关系，就是问题活动化；学生活动与获得地理感觉的关系，就是活动成果感觉化。现简略介绍如下：

素养目标化。教学目标能够体现地理核心素养的内涵和理念，做好顶层设计。

目标情境化。情境的合理设计需要两个过程：首先根据核心素养目标确定核心内容。如重难点内容以及重要的原理图示、方法、思维等。如"热力环流"一节的核心内容是热力环流概念、成因、原理图等。然后根据核心内容设计相应情境。

情境问题化。依托情境，将核心内容转化成结构化的系列问题，使核心内容、情境、问题保持一致性。新课标强调情境对设计问题的重要性，如"问题的确定应考虑与实际情境相关联""问题的设计，需要依托情境"。所设计的问题应当体现核心内容；同时，所创设的问题情境，是核心内容的情境。

问题活动化。将问题转化为学习任务，要求学生在真实情境中通过系列学习活动，运用结构化的知识去解决问题，从而获得发现、分析、解决问题的途径、方法、策略等，同时学生也经历了感受、体验与领悟的过程。

活动感觉化。就像美术有美感，音乐有乐感，语文、英语有语感，数学有数感，以及人们日常生活中自然形成的时间感、空间感一样，地理学习应该存在着"地理感"的意识和行为。学生在参与各种地理学习活动中，逐渐获得各种地理相关能力和必备品格，即提高了地理核心素养，能从地理角度认识、发现、解释、解决真实地理问题。这一过程称为学生活动成果"感觉化"，或说获得了"地理感"。

2. 从链

由主链的各个环节衍生出的次一级链条，称为从链。这是在整体教学理念下，引领学生走向深度学习非常重要的途径。如图 2 所示。

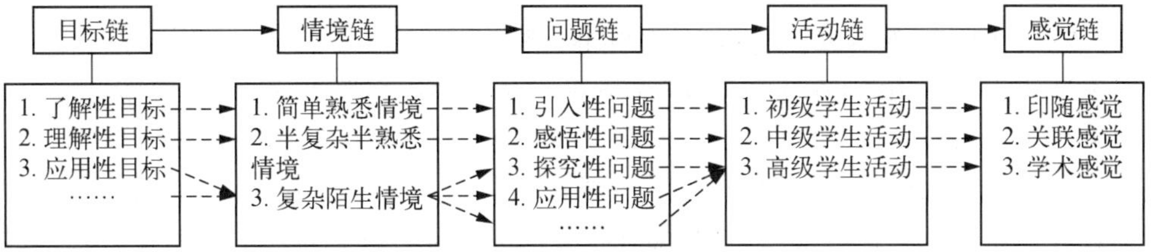

图 2　地理链式教学模式的从链

目标链。应该设计符合学生认知规律的系列学习目标。如设计由浅入深、分级分层的“识记”“理解”“应用”“评价”“创造”等学习目标，给学生搭建台阶，引导学生由低阶思维逐步提升至高阶思维。

情境链。高中地理新课标认为，考查学生解决地理问题的水平，可以设计两类情境：简单、熟悉的情境和复杂、陌生的情境。前者如乡土情境、学生身边的生活情境等，后者如遥远的情境、学生未接触过的真实情境。还有一种介于两者之间的半复杂、半熟悉的情境，如类似身边情境的遥远情境，学生可以将熟悉情境类推至未知情境中。

问题链。设计具有内在逻辑关系的递进式问题链，包括情境引入性问题、体验感悟性问题、探究创新性问题、延伸应用性问题等，分别对应发现问题、分析问题、解决问题、发现新问题的问题驱动解决过程。

活动链。设计由低级至高级，由简单到复杂的初级、中级和高级的学生活动，满足学生的多样化发展需求。初级学生活动主要是识记和理解性的学习活动，如读书回答问题；中级活动主要是分析和应用性的学习活动，如图文转换活动；高级学生活动主要是培养学生综合创新能力的活动，如答辩活动等。

感觉链。这里所说的“感觉”是指学生在学习地理时，身体各处感官感知和体验领悟所产生的心理感觉和学科能力境界。由教学实践可知，学生在学习表述地理结论时，经历三大感觉阶段——印随感觉、关联感觉、学术感觉，其表述方式分别为“经验＋术语”“情境＋术语”“抽象术语”。学生在最初学习地理概念和原理时，需要靠当初获得的相关经验去理解表达，这就是印随感觉能力；进一步学习后，在表述地理术语时需要关联具体情境，这就是关联感觉能力；当深入理解后，就能顺利脱离情境表达抽象术语了，这就进入了学术感觉境界。这三个地理感觉构成了递进的三类地理表达能力。

从链具有层级性和联动性。各层级间也有链式联动的关系。前一环节从低级到高级的次一级链，分别对应下一环节的相应层级。初级对应关系一般是了解性目标→简单熟悉情境→引入性问题→初级学生活动→印随感觉；中级对应关系一般是理解性目标→半复杂半熟悉情境→感悟性问题→中级学生活动→关联感觉；高级对应关系一般是应用性（或创造性）目标→复杂陌生情境→探究、应用性问题→高级学生活动→学术感觉。根据这些对应关系和环节，可以优化设计教学目标、情境、问题、学生活动和效果评定方式。

（二）地理核心素养是链式教学模式的暗线和灵魂

上述五大环节用“地理核心素养”这条看不见的主线串联起来，将各链整合成一个有机系统。地理核心素养主要指地理“四大核心素养”，包括综合思维、区域认知、地理实践力和人地协调观。最终的链条是“地理感觉”，是地理核心素养的具体化、通俗化、实际化形式。类似于食物链的结构，地理核心素养应该有其能量流和物质流，前者如思维（如综合思维）、技能（如地理实践力）、思想（如人地协调观）等专业素养等的流动，后者如专业地理知识（如区域认知）素养的流动。

地理链式教学模式由明线和暗线构成。主链与从链是地理链式教学模式的“骨架”，是明线；核心素养是连接链式教学模式“骨架”间的“韧带”，是一条暗线。

第二节　地理链式教学模式的主要特点和理论依据

一、地理链式教学模式的主要特点

本质性：上述五大环节直指地理学科教学的本质，是地理教师备课、上课和学生学习直接接触的要素，是提高教学效率和质量的关键环节。如果使用传统上所说的教学过程、教学设计、教学板书等来代替上述五个环节去研究课堂教学，则显得笼统，与教学本质相差太远。

层次性：每一环节内部都有层次性。如情境分为简单情境和复杂情境、熟悉情境和陌生情境、模拟情境与真实情境，问题有若干层次链条，学生活动分为三级活动层次，等等。

指向性：每一环节都指向核心素养不同侧面。从供给侧角度可以解释地理链式教学模式的构成和存在价值。产业链以消费者需求为导向，地理链式教学应该以学生需求为导向。目标与情境需要教师据学情设计，而问题、活动和成果环节，则需要满足学生的需求。

功能性和价值性：每一环节的作用、地位、价值是不同的。如情境是直观、有意义的学习材料，问题链是有价值的系列问题，等等。

联动性：各环节相互联系，不可分割，相互衔接和贯通，整体链的效益和价值远大于其中任何一个环节。通过教师向下游传递信息，又通过下游学生的活动向上游反馈信息，教师不断作出调整，上下游协同联动。

动态性：维持各链条的活力和动力在于学生的地理核心素养和地理认知情感。下文在讲每一个环节时，都是从这两方面分析的。

技术性:每一个环节都可以利用多媒体技术,促进学科学习与信息技术的深度融合。

循环性:由目标向最终成果“地理感觉”的正向教学过程,是在教师指导下形成的地理“学习链”;而再由成果到情境的逆向教学过程,则是学生运用成果探索和解决真实问题所经历的环节。

可操作性:传统教学要素之间形成的关系,宏观性强,散乱,不具体,在备课和上课方面操作性不强;而由目标—情境—问题—活动形成的链条,实际是一种培养学生素养的程序,各链条紧密联系,相互制约,互动性强,为教师备课和上课提供了具体、可操作、可评价的一种程序。

二、地理链式教学模式的主要理论依据

1. 整体化理念是地理链式教学模式的核心理念

链式教学模式借助了商业整体化思维理念。从整个商业链条理解产品研发工作,有助于产品经理更好地把控产品的设计方向而不偏离总体目标。冗长的研发过程容易使事务复杂化,如果整体化思考各个链条,可以帮助我们抽离具体琐碎的事务,了解上下游的合作细节,有利于回到决策的源头,理解并保证最终的产品结果符合最初的预期和研发目的。比如,作为产品经理,需要从全局来思考和解决三个问题:产品是干什么的? 能给大家带来什么? 怎么更好地推进合作流程实现盈利? 上述所说的产品,相当于学生的地理核心素养。

整体化思维理念就是从全局看待多项关联事务,一方面能更好地理解某个具体环节,另一方面能使链条向预想的方向推进,实现最初的目的。就像一串珍珠,不仅要看到其中某颗珍珠的独特美,还要看到它在整个链条里与其他珍珠串起来的整体美。

整体化理念表现在教学上就是系统化教学理念。由系统的概念可知,系统是由若干部分组成的有机整体,这个有机整体具备一定的功能,且各个部分相互联系、相互作用。教学系统是指为了实现某种教学目的、由各教学要素有机结合而成的具有一定教学功能的整体。

将课堂教学看做一个系统,这个系统应该包括教学目标、学习情境、问题设计、学习活动、成果展示与检测等。教学目标相当于规划、计划、红头文件、指挥官,是负责指导身体各部分活动的大脑,“兵马未动,粮草先行”指的就是教学目标先行于教学各个要素。教学内容以情境、问题的形式显示出来;媒体也属于一种学习情境;学生的主体作用以学生学习活动的形式外显出来。教师通过教学资源为学生展开教学,而学生则在教师引导下,在进一步使用教学资源中,加深了对知识的学习。各部分相互联系,“牵一发而动全身”。

2. 构建链式教学模式是对新课标各方面的理念进行系统的整合

新课标突出强调核心素养教学、情境教学、问题式教学、开放式学习、思维结构评价

和表现性评价等，正好与链式教学模式中的素养目标、真实情境、问题链、学生活动、成果各环节一一对应，有效实施链式教学的五个环节，可以真正落实新课标的核心理念。

3. 建立完整的链式教学模式是系统地建构认知体系的过程

学生在经过解读（如观察、观测、体验等）情境—提出疑问—系列探究活动—总结与表述成果各环节的过程中，对学习材料进行有意义的建构，最终将新知纳入到原有的认知结构，形成新旧相互融合的素养体系。

4. 符合问题驱动教学理论

1999 年，乔纳森提出了以问题解决为主线的学习环境设计模型。它包括：(1) 问题驱动。即先设计逐层推进、有逻辑关系的问题链。(2) 案例研究。呈现相似的案例，在案例分析中实现学习者迁移问题解决的方案。(3) 工具支持。包括图示、表格、模型等，用以辅助学习者认知的工具。地图、地理原理图、地理思维导图等图示，均为可视化工具。(4) 对话协商。即采用合作学习方式解决问题。

链式教学模式是问题解决途径的具体化、课堂化、操作化形式。链式教学模式的每一个环节都是问题教学在课堂中具体操作和实施的过程。真实情境环节属于发生问题的情境；问题链环节是根据情境设计问题，引发学生疑问；学生活动环节则是解决问题的途径，而获得地理感则是总结归纳得出结论、表达成果的方式和策略。以问题解决为中心的课堂教学过程是：教师先创设情境，然后据此提出问题，再引导学生解决问题，使学生逐渐掌握知识、技能、思维和能力，形成心理品格。

链式教学模式与问题解决模式的不同之处在于：链式教学模式以学生获得核心素养为教学的终极目标，在每一个环节都必须渗透核心素养理念，以核心素养为主线，将各环节串联起来，形成一个育人整体模式。

5. 契合国家有关教学理念

2019 年，国务院办公厅印发的《关于新时代推进普通高中育人方式改革的指导意见》中指出："积极探索基于情境、问题导向的互动式、启发式、探究式、体验式等课堂教学。"这里的"情境""问题""体验"等词语，实际就是地理链式教学模式中的多个环节名称。

第三节　地理链式教学模式与新课标理念高度契合

相比传统常规性教学方式，地理链式教学模式契合新课标理念，主要有以下三大效应。

一、学生主体效应

传统教学要素如教学目标、教学内容、教学活动、教学语言、教学方法、教学媒体、教学板书、教学效果等，是教师教学设计需要的要素，适合知识教学的传授法，较少考虑学生学习需要什么要素和环节。

地理新课标注重培养学生的核心素养，必然以学生为主体，从学生学习角度提出情境、问题等学习要素或环节。链式教学要素如学习目标、学习情境、学习问题和学习活动等，均为学生体验学习的全过程所需要的环节。此模式从学生学习层面链接各个要素，每一要素都明确指向学生的某些素养，关注学生内在的素养和品格。五个环节链条中，后三个环节为学生需求链，都是为了满足学生的学习与心理需要。如目标情境化和情境问题化就是创设情境，激发学生问题意识和探究兴趣；问题活动化，就是为学生设计自主、合作、探究学习活动，使学生在体验中学习，领悟规律、原理，掌握探究和研究性学习方法和过程；学生在活动中逐渐获得地理感意识，获得解决真实地理问题的方法和策略。

二、理念整合效应

（1）实现要素实体整合。五大链式教学要素相互联系、相互整合，形成一个整体，能够发挥整体育人的效应。

（2）实现理念整合。地理新课标理念主要是地理核心素养理念、深度学习理念、情境教学理念、问题式教学理念、探究式学习理念、体验式教学理念、开放式教学理念、思维结构评价和表现性评价理念等。五大要素的共同理念就是培养学生的核心素养；学习情境、学习问题既是学习内容要素，又与学习活动要素整合为一体，共同蕴含情境教学理念、问题式教学理念、探究式学习理念、开放式学习理念，特别是学生的学习活动包含着上述所有的理念，是新课标各种理念的聚焦点；学习成果展示与评测则需要思维结构评价和表现性评价来检测效果。新课标有关教学理念简介如下。

“情境”教学理念：创设教学情境，让学生知道知识的发生过程，即知识从情境中来，又到情境中去。

“问题”教学理念：让学生通过探究问题，学会发现问题、分析问题、解决问题（提出解决方案）的问题解决过程，学会探究问题的一般方法、策略等。

“深度”学习理念：深度学习就是深度情境、深度问题、深度学习活动、成果深度表达相融合体现出的整体特征。深度情境是能引发学生发现学科问题、激发学生探究热情和提高实践能力的情境，深度问题是学科深层次的真实问题，深度学习活动是“做中学”“学中做”的活动，成果深度表达是从地理角度表达地理学科本质内容。

“活动”教学理念：让学生懂得学习就是通过自己的自主、合作学习活动体验，建构自己的深层次的认知结构，属于探究学习、体验式学习、开放式学习和深度学习理念。

“地理感”教学理念：学生能从地理角度认识、发现、解释、解决真实的地理问题，在表达探究结论时，能从中看出其地理关键能力和必备品格，可以用表现性评价与思维结构性评价来评价其活动表现及效果。这些属于核心素养理念和思维结构性评价理念等。

三、理念落地效应

落实地理链式教学的各个环节，能够推进新课标理念落地课堂。其主要具体途径有：科学制订具有核心素养理念的教学目标，做好顶层设计；素养目标通过课堂目标落地课堂；情境教学理念通过情境教学环节落地课堂；问题教学理念通过情境化问题落地课堂；学生主体理念通过问题活动化落地课堂；学习成果评测通过多样化评价方式落地课堂。

地理链式教学模式将各环节深度串联融合起来，每一个环节都渗透核心素养理念，形成一个整体育人模式。

下面各章将逐一说明地理链式教学模式落地课堂的各个环节。在每一个环节上均区别了新旧课标教学模式，有利于理解和实践新课标理念。

第二章　核心素养目标化:新课标理念“落地”课堂的顶层设计

第一节　新课标理念融入教学目标而“落地生根”

2017年年底,教育部正式发布了高中地理新课标,意味着教学目标必须以核心素养为核心内容。教学目标是教学设计、教学实施和教学评价的最主要标准,其设定是否科学合理,直接影响教与学模式的重构,以及学科核心素养能否真正“落地”。

将地理核心素养目标化,是地理链式教学的首要任务。将教学活动的目标按核心素养的内涵要求进行有机归类描述,以期达到培养学生核心素养的目标,即核心素养教学目标化。核心素养理念通过素养目标化进入链式教学的主链,并左右整条教学链条,达到联动的效果。它相当于“龙头”,“龙头”摆动的方向和幅度,决定了龙身、龙尾摆动的方向和幅度。它把控了整个课堂全局,如同从高空俯视大地,在大视野中为核心素养“落地”确定精准的方向和要到达的最终目的地,由此画出了一条通往核心素养的教学路径。

核心素养目标在众多教育领域的目标中处于什么地位?与其他类的教育目标有什么关系?

一、厘清教学目标及其与其他目标间的关系

目标、教育目标、学科课程目标和教学目标之间有什么关系?目标是人们在一定时期内经过某些活动所要取得的预期结果。教育目标是宏观目标,学科课程目标则是中观目标,教学目标则是微观目标。它们之间是线性关系。根据相关法律规定,我国的教育目的(目标)是培养学生的创新精神和实践能力,成为“四有”全面发展人才。教育目标具体在学科内,可以分为学科课程目标和教学目标。不同时代,课程目标不同。据旧课标表述,课程目标就是三维目标形成的有机整体;按新课标表述,课程目标就是必备品格和关键能力,即核心素养。

把课程目标再细化,就是教学目标。教学目标包含学段目标、模块目标、单元目标和课时目标等。教学目标具有指向性、差异性、选择性、整合性和可测性等。它是课堂

教学的导航仪，指引着课堂教与学活动的方向、过程和达到的预期结果，是课堂教学的起点和终点，是教学的灵魂，是学生学习的发动机，是师生互动的方向盘，是评价学生学习结果和行为变化的最主要依据。

课时教学目标决定教师在课堂教学中选择何种教学内容、教学组织形式、教学策略，经过课堂教学实践活动，落实课程标准，达成模块教学目标，最终实现学科课程总目标。课时教学目标是最低的期望要求。因为学生水平层次各异，面对共同的教学内容，目标实现会各有差异。

各类目标都体现在可操作的课时目标里。平常所说的教学目标，一般指课堂（或课时）教学目标。

各类目标间的关系应该是同心圆的关系，如图 3 所示。

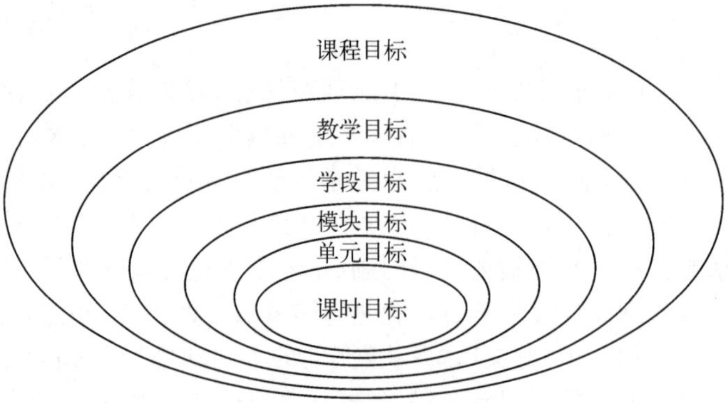

图 3　各类目标间的关系

教学目标蕴含着学生观、课程观、教材观和评价观等综合观念，是各上位目标“落地”的关键。

二、核心素养通过课时教学目标“落地生根”

目前，学科教学正在逐渐渗入核心素养“基因”。而指向核心素养的学习目标是促进核心素养落地的关键环节。其目的是促进“人”的发展，是“学知识、提能力、育品格、显素养”，培养一个有素养的“人”。

核心素养的培养具有一定的阶段性、长期性和概括性，而课时教学目标有短时性和具体性。课程目标升级为核心素养目标，体现在课时教学目标上，教师必然对课堂教学进行重构，其教学理念、行为和范式等会发生根本性的改变。核心素养目标不是某一课时目标就能完成的，一般按“课程标准—单元设计—课时计划”的设计过程，将单元教学目标分解，并具体到各课时教学目标中。

核心素养是学生“悟”出来的，课时教学目标是“做”出来的。学生的核心素养是外部因素（教师教学）和内部因素（学生领悟）综合作用下形成的，是学生个体在很多个具体、细化的教学目标中不断内化养成的。因此，教学目标是课堂教学过程中，学生心理与行为的变化过程，是一个状态量。这就需要在教学目标中，将每一个细微的活动做成和做实。

核心素养教学目标对课堂教学各要素起着导向、整合、协调和控制的作用，为教师选择合适的教学方式和学生的学习内容指明了方向。教师根据教学目标的要求，选定教学策略，组织和开展课堂教学活动，优化教学过程，直达学科核心素养的本质内容。

第二节　地理核心素养目标表述的现状、原因和解决路径

一、课程目标转型时期，教学目标表述的主要现状和问题

核心素养理念从 2018 年提出至今，地理教师也经历了数轮培训。但在教学实践中有一种普遍现象：不管是课堂教学还是平时的导学案编写，教学目标仍沿用过去标准的双基式或三维目标模式，没有什么明显变化。根据相关调查、观察和统计，高中地理教学目标的表述主要存在以下几大问题。

（一）地理教师普遍沿袭旧有的目标表述方式

2019 年暑期，在区域地理教师培训会上，通过对 50 余名高中地理教师所作的调查问卷显示：他们基本不会写核心素养课时目标、搞不清核心素养与三维目标的区别与联系，大多数教师仍按过去三维目标和双基目标编写教学目标。主要沿袭以下四种编写目标的方式。

1. 双基式

双基式教学目标是以掌握基础知识和基本技能为主、强化学科知识体系的学习。过去教学大纲的要求以记忆和理解知识为主，因此，又可称“双基式”为“大纲式”。其叙述格式为“使学生＋双基”，行为主体是教师而不是学生，突出了教师对课堂活动的绝对控制权，学生被动学习，高度依赖教材和教师的教学。如“使学生了解……”“使学生记忆……”“使学生理解……”“使学生学会……”等等，将学生当作无自主性的被动学习者，学生的学习热情、积极性难以被调动起来。如表 1 所示。

表 1　教学目标以双基为核心内容

教学内容	教学大纲的知识要求	教学目标	教学重难点
人口迁移与地理环境	1. 了解影响人口迁移的因素； 2. 理解人口迁移对环境的影响； 3. 了解中国人口迁移的现状和原因	1. 使学生了解人口迁移的概念； 2. 使学生理解和记忆影响人口迁移的因素； 3. 使学生学会分析人口迁移对迁入地和迁出地有利与不利影响	重点：理解和记忆影响人口迁移的因素。 难点：记忆和分析人口迁移的影响

双基式教学目标的主要缺陷有：以“记忆”“理解”“掌握”为行为动词，笼统、概括和模糊，难以检测学生的学习水平。即使有读图技能和思维训练，也是为了熟练记忆知识。其中偶尔出现的情感因素，也只是起到“点缀”的作用。纯知识教学使得学生失去学习的兴趣，无法充分发挥学生的主动性和潜力，不能体现育人价值。这是 2003 年以前的教学大纲的要求，但现在仍然有一定程度的存在。

仅指向基础知识和基本技能教学的双基目标是外在的目标，纯粹从学生学习学科的角度来阐述教学目标，是一维目标。它强化教师单一传授式的知识教学，每课时所传授的知识是破碎的、脱离生活的，是抽象的理论。它没有对目标进行整合与提升，缺少上位概念，是下位目标。

2019 年所作的暑期调查显示，相当一部分教师平时发给学生的导学案上的学习目标依然以双基式为主。这说明新课标发布一年多以来，核心素养仍然只停留在头脑中，没有进入教学目标体系内。

2. 三维式

自 2003 年起实施了十多年的三维目标教学，可能由于惯性，在实施核心素养初期，教师们仍然将核心素养教学目标表述为三维目标。三维目标的优点是：同时重视了知识与技能、过程与方法、情感态度与价值观，并且在学习过程中得到融合；在叙述上，改为以学生为学习行为的主体，突出了学生学习的地位；行为动词多样化、具体化，学生学习结果可测量、可操作；在 2003 年课标的“活动建议”中，增加了新技术与学科教学融合的内容。

三维教学目标强调学生为主体、教师为主导，以及学生自主、合作与探究学习方式，教材仅作为其中一种教学资源，引导学生在参与和体验中获得知识、改变态度、培养价值观。但它体现的是一种过程性的学习方式，不是结果性的目标。

从一维的双基目标，走向三维目标，既全面又深入，内在和外在兼有，是由外在的双基走向内在的核心素养的中间环节。它弥补了过分传授和操练知识的教学方式的不足，重视学生自主、合作、探究的学习方式，以及学生学习知识过程中的体验。在认知层面上，增加了知识应用要求，但缺乏对人的发展内涵的关注，教育的内在性、人本性、整体性和终极性不足。有专家认为，三维目标中的“过程与方法”目标是一种过程性表现，成为教学目标不合适。三维目标的三维在叙述上是割裂的，有机融合度不够。它不是终极目标，是中位目标。

从多次参加大型地区性地理公开课活动中收集到的公开课导学案显示，上面虽然没有明确写着“三维目标”，但仍然按三维目标模式写着教学目标。表 2 即为三维目标的表述方式。

表 2　“人口迁移与地理环境”三维目标

教学内容	教学目标	教学重难点
人口迁移与地理环境	知识与技能： 1. 了解人口迁移的概念； 2. 理解影响人口迁移的因素； 3. 学会分析人口迁移对迁入地和迁出地的有利与不利影响 过程与方法： 1. 读图分析，理解人口迁移的概念； 2. 分析案例，掌握影响人口迁移的因素； 3. 利用乡土材料，分析人口迁移的影响。 情感、态度和价值观： 在对乡土案例和身边案例分析中，认识人口迁移的正面和负面作用，学会辩证地分析和看待事物	重点：人口迁移对环境的有利影响和不利影响； 难点：分析影响人口迁移的因素

如果依旧按三维目标设计教学目标，那核心素养的教学理念将很难“落地”或“落实”。

3. 考纲式

与高考考试大纲的表述方式一样，教学目标只罗列知识点。这是一种去情境化的目标，在高三平时的复习教案和导学案中普遍存在。如表 3 所示。

表 3　高三地理复习导学案的考纲式目标

教学内容	教学目标	教学重难点
人口迁移与地理环境	1. 人口迁移的含义； 2. 影响人口迁移的因素； 3. 人口迁移对迁入地和迁出地的有利与不利影响	影响人口迁移的主要因素；人口迁移对迁入地和迁出地的影响

4. 学测式

与新高考方案实施前的高中地理学业水平测试要求表述的方式相同，表述句式为“行为动词＋知识点”，行为动词包括“举例说明”“理解”“应用”等。一般在学业水平测试复习时才会编写此类教学目标，这是在给学生明确的掌握知识的要求。如表 4 所示。

表 4　“人口迁移与地理环境”学测式目标

教学内容	教学目标	教学重难点
人口迁移与地理环境	了解人口迁移的概念； 理解人口迁移的主要原因； 结合实例，说明人口迁移对迁入地和迁出地的有利与不利影响	重点：理解人口迁移的主要原因； 难点：分析人口迁移对地理环境的影响

(二) 缺少资源性语言,教学目标显得非常空泛

这里的资源是指媒体和情境。媒体如传统媒体(教具、学具、工具、模型等)和多媒体,情境包括图、文、表、视频、声音等。

为了节约字数,一些地理教案的教学目标普遍缺少情境性语言,包括脱离生活情境、学术情境等。如“地球公转的地理意义”一节有一个学习目标为“能判读出节气名称及其日期”,这会令学生感觉不着边际,前面应该加上情境性语言“在地球公转图上(或在太阳直射点回归运动图上或通过公转视频)”,使学习要求更为具体、明确。使用去情境化的教学目标,使得教学目标笼统不可观察、不可测量,从而减弱教学目标的导学、导教、导测功能。

(三) 缺少情感目标,教学目标变得生硬、单调

教师一般不屑于写情感目标,认为在教学中不好操作、无法评价,是虚无缥缈的一项。即使有,也写得不深不透,用一些大而空的词语,不具体,也不与知识、技能、过程、方法等联系,给人的感觉是纯粹为了补上这一项。在实际的教学设计和课堂教学中,根本没有设计和实施情感教学的专门活动,如一般不会设计像“思考这些问题后,你有什么感想?”等之类的情感性问题。

(四) 缺少能力目标,知识教学不应超越能力培养

双基式教学目标注重详细列举知识点、技能及其学习要求,而对于方法、思维等一般只字不提。

(五) 套用“万能”的固定句式,教学目标变得僵化、呆板

比如,有些教学目标表述都用固定的句式,每课的教学目标都直接套用,大同小异。如“通过探究……活动,培养学生读图、分析、归纳和自主探究的能力”“通过经历和体验,让学生体会……”“通过对……的学习,学会……的思想方法”“鼓励学生……,培养……精神,激发……兴趣,增强……信心,获得……情感体验”。所以,应该根据实际的情况和相应的能力要求,灵活叙述,而不是千篇一律的表述。

(六) 教学目标的表述不科学,学生理解上有困难

1. 学习目标名称晦涩,令学生难懂

在呈现教学目标时,往往把教学目标改为学习目标,即从学生学习者的角度来叙述,这是符合课标要求的。将“学习目标”称为“学习要求”或“学习任务”,复习课的学习目标有时称为“学业目标”“考试要求”等,学生明白无误。但听课中发现,有的教师将“学习目标”称为“课程标准”或“课标要求”。教师参与一段时间的学习和培训才能读懂课标,学生根本不懂“课程标准”和“课标要求”的意思。

2. 以教师为主体编写学习目标,抑制了学生的学习自主性和积极性

如“使(或让)学生……”“提升学生……”“培养学生……”“引导学生……”等语句,是纯粹从教师角度描述学习目标,不是从学生角度出发。教学目标不把学生视为行为

主体,不将学生作为自我建构知识的主体,而将学生当成被教师训练的对象。学生不理解目标,处于被动接受状态,学习动机没有被激发,主动性不强。

(七) 以问题形式呈现学习目标,失去了教学目标的评价和指向作用

有一次在听课时看到“南水北调”的学习目标:“为什么调? 能不能调? 怎么调? 调后怎样?”以问题形式呈现学习目标,虽然能引起学生思考,但它终究不是学习目标,因为没有说明利用什么资源、采用什么学习方式、达到的结果如何,只是提供了思考的思路。

二、原因分析

(一) 没有认识到教学目标的重大作用

教学目标的主要作用是:(1) 定向作用。教学目标制订后,对整个课堂教学活动起着导引和指向作用。教学情境、内容、方法、策略、教具、多媒体等的选择,都必须以教学目标为中心。教学目标是教学设计的起点和终点。学生看了教学目标,在将其转化为自己的学习目标(教师在课堂上可表述为学习目标)的过程中,心中提前有了学习的定数和计划,并有意将学习注意力集中到与学习目标有关的学习活动上。(2) 评价作用。教学目标是上课、听课、评课的重要标准。教学目标设定了学生应达到的学习要求和水平,通过检测,将学习效果与教学目标相对照,能够评价整个教学过程是否符合教学目标设定的标准。

上述现状和问题忽视了教学目标的定向作用和评价作用,只是被当成教案上的一个必写项目。

(二) 不考虑教学实践和个人教学风格,照抄现成资源

照搬教辅资料和网络上的教学目标,不去思考怎样将自己的教学实践经验融入教学目标,使得实际的教学过程与教学目标设计严重脱离。

这种情况出现的主要原因应该是为了应付各项检查,保证教学设计在形式上的完整性。因此,教学目标设计随意,主要用复制、粘贴手法,没有结合课堂教学实际,系统性、科学性、实用性不强,无法起到指导教学实践的作用,这种做法使得教学目标成了“摆设”。这在日常教学中较为普遍。

(三) 教学目标不合学情

只重视文本备课,把课标、教材内容、教学参考用书相关内容照搬下来,根本不考虑学情。

我们在制订教学目标时,常常过多依赖课标、教学参考用书、考试大纲、教材,而这些编者不可能了解各校学生,难以考虑教师所在学校学生的基础、学生可接受的教学方式等,使得预先制订的教学目标严重脱离学情,要么设计过于复杂、过难,要么过易、学生不感兴趣。这样的目标是空泛的,不符合学生实情。目标设计是否合理,需要通过学生学习反馈,如果效果良好,说明教学目标符合学情。

(四) 知识教学观念根深蒂固

现行学习目标存在的普遍问题是"有知识缺素养"。所以,不能以知识为本表述学习目标,不能简单列举知识点。如"岩石"一节的学习目标如果写成标题式"① 岩石分类;② 岩石成因;③ 岩石特征",学生感觉抽象,没有可行的学习途径和方法,就不是科学表述的教学目标。

表 5 为一节地理课的教学目标,它是 2018 年实行核心素养课标后的一节部级优课。这里的问题有:一是列举知识点学习要求,是纯粹以知识教学为主,过程和方法、情感态度价值观没有体现;二是将学习目标称为"课标解读",当时学生还不理解什么是"课标"。

表 5　2018 年高中地理部级优课"人地关系思想的演变"的教学目标

课标解读	重难点
1. 了解人地关系思想的演变过程; 2. 掌握人类所面临的主要环境问题; 3. 分析环境问题产生的原因及分布特点; 4. 理解可持续发展内涵和三个基本原则	重点:环境问题产生的原因、表现和分布特点; 难点:可持续发展内涵和三个基本原则

教学大纲对知识教学有深远的影响。2003 年及以前的教学大纲重视罗列知识点,对每一个细小的知识点提出细致的掌握要求,属于"去情境化"的知识本位教学方式,没有知识情境化的教学要求,因而带有浓厚的应试教育色彩。教学目标以知识教学为主,就等于放弃对地理学科本质的追求,把学生学习地理的过程等同于对概念和规律的记忆的过程,无法培养学生的地理思维和实践能力。

(五) 没有领会核心素养的内涵,核心素养观念没有内化为自觉意识

不去熟读、钻研高中地理新课标,对新课标的教学理念、四大核心素养的内涵一知半解,认为教学仍然与过去一样,因而教学目标也和过去一样写法,不知道在目标中加进核心素养的名称,或者没有核心素养的理念。

(六) 缺少实践经验

对于在课堂教学中如何落实地理核心素养,地理教师普遍没有经验,也没有去探索,可能只停留在专家培训时的理论阶段。在与很多地理教师交流中发现,他们普遍表示不知道如何表述核心素养课时目标。主导数轮培训的都是高校专家和教研员,他们不直接从事一线教学,也想不到或没有直接遇到核心素养课时目标编写的问题,没有这方面的实践经验,所以几乎没有培训教师如何科学设计和编写核心素养课时目标。

(七) 不理解各类教学目标之间的关系

将核心素养目标写成双基式、三维式、考纲式、学测式、教材式目标等,主要原因是没有区别它们之间的内涵和表现形式。

课程标准、考纲目标、学测目标、教材目标、课堂教学目标之间有什么关系？课程标准是包括学科课程性质、课程目标、课程结构、课程内容、学业质量、实施建议的纲领性教学要求。考纲目标则是据课程标准设计的、为上一级学校选拔人才的考试标准，包括考试内容、考试要求、考查能力等。学测目标也是根据课标要求，主要衡量某一学段的学生是否达到合格学业水平的标准。教材目标是仅针对教材上的知识点、技能要求、学生活动要求、学习方法与学习过程、价值观念制订的学习要求，是学生学习手中教材、"吃透"教材的最有力、最可靠的指导性目标。

课堂教学目标则是课程标准、学测目标、教材目标的融合体，兼有各类目标的功能，并以课程标准为主要依据。较以前的双基目标和三维目标，新课标多了"学业质量水平"部分。学测目标可以参照"学业质量水平"制订。学业质量水平在质和量上，清晰阐释了地理核心素养各层水平的不同表现，提供了行为条件和表现程度，使评价更具体、更明确，操作性更强，利于规范和整合核心素养目标。核心素养是学生经过系统的学科学习之后形成的必备品格和关键能力，核心素养目标是三维目标的提炼、整合和有机统一。它高于三维目标，是一种深度学习目标，其中的知识以情境化、结构化的形式呈现，是培养多种能力的载体。

因此，双基目标是基础目标，三维目标是核心素养具体施行的途径目标，核心素养则是教学的终极目标，是上位目标。形象地说，双基目标是植物的根，能够吸收各种营养；三维目标是茎，负责将养分输送到叶端、花果；而核心素养目标则是植物的花和果。从双基目标、三维目标到核心素养目标，就是从"知识本位"到"能力本位"再到"素养本位"的演变过程。

三、解决路径设想

在课程目标转型时期，前人对于核心素养教学目标的研究较少，特别在实践层面，可借鉴的经验不多。现在急需解决的问题是：从地理三维目标走向核心素养目标的具体路径是什么？如何使地理核心素养深度转化为地理教学目标？依据什么来制订核心素养教学目标？怎样表述核心素养教学目标？这里介绍两条解决的策略和路径。

一是将地理核心素养体系具体化，探求其形式表述方式。地理核心素养较抽象和概括，教学上无法操作；而教学目标要求具体、细致，可以落实在教学中的每一个活动细节上。这就需要在理论层面和教学实践层面不断摸索，探求核心素养具体化的方法、策略。即在地理核心素养目标的形式表达上，探索一定的陈述方式。

二是将各类目标进行整合并创新，探索其内涵表达方式。促使双基目标、三维目标向核心素养目标的转化，必须将三者深度融合，并突出核心素养的要求。这就要探索核心素养目标的内涵表达方式。

第三节　地理核心素养目标制订的五大依据

科学合理的核心素养目标，必须由新课标、教材内容、考试要求、学情、课程资源五个方面整合而成。现主要以“黄土高原的水土流失治理”为例，说明如何整合这五个方面。

一、新课标是核心素养学习目标制订的主要依据

课程标准是使学生知道学习什么和能做什么的界定与表述。科学分解课程标准旨在把课程标准具体化为学生的具体学习行为，以利于学生明白怎样做才能达成课程标准和自我评价。

从浙江省改革实践看，新课程标准在初期未能得到很好实施，原因之一是教师在设置教学目标时没有参照课程标准的内容，从而导致“念错经”。

新课标细述了课程性质、基本理念、核心素养、课程目标、课程内容、学业质量、实施建议等，要求面向全体学生，既是课堂教学、学生学习、教学评估、考试命题、教材编写的依据，也是课时教学目标的上位标准。领悟新课标理念的具体方法是：先从整体上细读本节教学内容与新课标相关的课程内容，着重理解课程内容中关键的行为动词和学习结果的行为程度；然后再根据具体教学内容思考：学生达成什么学习结果、如何达成、怎么评价是否达成。只有保持课程目标、课程内容和教学目标的一致性，才能真正在课堂教学中落实新课标理念。

新课标要求一般较概括，但提供了宏观的框架。在深刻领会地理学业质量水平的内涵以及地理四大核心素养的内涵、表现和水平划分的前提下，学习目标的编写必须参考新课标“课程内容”的三部分内容，包括内容要求、教学提示和学业要求，同时理解“学业质量水平”和“核心素养划分”，区分学业水平合格考试和高考选择考试要求的不同水平，有利于从宏观上设定学习目标的学习程度。

例如，对鲁教版高中地理选修教材“黄土高原水土流失的治理”一节有关新课标内容的分析如下：

首先，分析新课标中有关的核心素养水平要求。因为属于选择性“必修 2”“区域发展”，所以“四大核心素养”的水平要求多以“水平 3”和“水平 4”为主。如表 6 所示。

表 6　地理核心素养水平要求

核心素养	水平 1	水平 2	水平 3	水平 4
人地协调观	无	无	无	√
综合思维	无	无	无	√
区域认知	无	无	无	√
地理实践力	无	无	√	无

其次,分析学业质量水平要求。此部分内容不属于合格考试内容,只是高考选考内容,所以应是“水平 3”或“水平 4”的要求。如表 7 所示。

表 7 高中地理学业质量水平

学业质量水平	水平 1	水平 2	水平 3	水平 4
学测合格考	无	无	无	无
高考选考	无	无	无	√

第三,分析内容要求。新课标相关要求是“以某生态脆弱区为例,说明该类地区存在的环境与发展问题,以及综合治理措施”,比较笼统,但写出学习目标的行为动词是“说明”,达到的目标是两项内容——问题、措施。

解析新课标中的“内容要求”,有两种策略。

一种是拆分策略。即把新课标的一条内容要求,拆分成若干个内容要点。如按照本例的课标要求,可以拆分成多个教学内容要点:黄土高原的位置、范围;水土流失的问题和原因;水土流失的危害;水土流失的综合治理措施。

另一种是整合策略。即将新课标类似内容要点,按学科本质整合在一起。如选择性“必修 2”“区域发展”的内容要求“2.3”“2.4”“2.5”“2.6”“2.7”“2.8”,区域分别为大都市、产业发展区域、资源枯竭型城市、生态脆弱区、产业与资源转移区域、流域,六个内容要求虽然在形式上各不相同,但都是区域发展内容,本质上构成地理环境的区域性。因此,在设计教学目标时,都应遵循区域综合分析的思维模式:区域位置和范围→区域地理条件(有利与不利条件)→区域特征→区域问题→区域原因→区域发展方向或措施。

第四,分析教学提示。新课标相关要求之一是“以认识区域地理条件、区域特征和发展方向为线索组织教学内容”,说明了学习目标必须要分析区域条件、区域特征和发展方向,这就是要达到的区域认知能力;之二是“给学生提供基本的区域数据来源,让学生了解这些数据对分析社会经济和人地协调问题的支撑作用”,这说明学习目标要写出提供给学生什么样的情境,即有关社会经济和人地协调问题的区域数据情境资料。

第五,分析学业要求。学业对地理实践力的要求是“学会能够运用地理信息技术或其他地理工具,通过案例分析、数据采集、实地调查等方式,比较、归纳不同区域发展的异同”,这说明书写地理实践力的学习目标,应包括借助的工具(信息技术等)、学习方式(案例分析等)、学习方法(比较、归纳)、学习内容(区域发展异同)。对综合思维和区域认知的学业要求是“能够根据不同类型区域的发展条件和现状,分类思考和分析区域发展问题及原因”,说明这两类核心素养的学习目标是分析区域问题及其成因。对人地协调观的学业要求是“能够从人地协调的角度,对不同类型区域的发展路径作出解释”,说明人地协调观的学习目标应写出不同区域的人地协调路径。

第六，分析学测命制要求。2019 年 6 月，国务院办公厅印发的《关于新时代推进普通高中育人方式改革的指导意见》中指出："科学设置试题难度，命题要符合相应学业质量标准，体现不同考试功能。"所以，作为学测命题最重要的依据——新课标有关学测要求应该体现在教学目标中。特别是复习课，需要明确将学测要求写进学习目标中。新课标将学业水平测试分为合格性考试和等级性（或选择性）考试，合格性考试只考查每一项核心素养的"水平 1"和"水平 2"要求，等级性考试则考查"水平 3"和"水平 4"的要求。因而在学习目标表述上，应该根据不同类型考试，确定相对应的学习要求。

例如，在区域认知核心素养的合格性考试要求上，"水平 1"为"能够根据提示，将简单、熟悉的地理事象置于特定区域中加以认识；能够认识和归纳区域特征"；"水平 2"为"能够从区域的视角认识给定简单地理事象，收集整理区域重要的信息；能够简单解释区域开发利用方面决策的得失"。"水平 1"和"水平 2"的学习要求（学习目标）可以归结为提供给定的简单地理情境、熟悉的地理情境，归纳区域特征和简单评价决策。

而在区域认知核心素养的等级性考试要求上，"水平 3"为"能够结合给定的复杂地理事象，从空间—区域尺度、区域特征、区域联系等方面认识区域；能够为赞同或质疑某一区域决策提出相关论据"；"水平 4"为"能够对现实中的区域地理问题，运用认识区域的方法和工具进行分析；能够较全面地评析某一区域决策的得失，提出较为可行的改进建议"。"水平 3"和"水平 4"的学习要求（学习目标）可以归纳为给定复杂的现实地理情境、分析区域特征、评价区域决策和提出建议。

二、依据教材内容而定

从教师教学角度看，教材是教师备课的重要内容。教师分析教材是教学目标达到预期效果的前提，是教师备好课、上好课的基础工作，利于教师顺利完成教学任务、提高教学质量。因此，教师在解读新课标后，必须深入分析教材，熟悉教材的整体内容，深刻领会教材编者的意图，优化教材内容。

从学生学习角度看，教材是学生学习的基本素材。因为地理专业术语、原理等细致的基础知识和基本技能都隐含其中，教材是学生获得知识和素养的最基本载体。如果抛开教材编写学习目标，学生会感觉学习内容好像成了无根之木。例如，"黄土高原水土流失的治理"一节的图文表情境，如地图、自然与人文景观图、有关多种措施关联示意图等，还有范围、位置、特征，以及水土流失情况、危害、成因、对策等，都在教材上有详细的阐述。这些都是教学设计的重要依据。学习目标中有关达到的双基目标或知识和技能要求，都必须基于教材、源于教材。

核心素养目标依据教材，并超越教材。教材是师生开展教与学活动的最重要工具。因此，核心素养教学目标必须以教材为基础，深度剖析教材，灵活运用教材，但不能受教材束缚，要高于教材，这是从有界到无疆的突破。教材中的图、文、表等内容，可以作为设计问题的情境；为了服从学生学习需要，教学上可以打乱教材的陈述方式和逻辑顺序；从教学实际出发，完善教材中的活动设计；整合各个版本对同一教学内容的处理方式；挖掘教材中隐含的地理思想、方法和思维价值。

三、依据考试要求

虽然新高考方案不再制订考试大纲，但由于考试评价极其重要，所以教学目标还应该符合高考、合格性学测的实际要求，使得学生的学习有方向感，避免无用的学习。如地理教师可以分析总结近几年高考试题、学测试题考查的范围、难易度、特点和具体要求，包括考查的知识、技能、方法、思维等方面的实际命题特点，遵照近年省级教研会上对高考和合格性考试提出的教学要求和命题方向，将之渗透进教学目标中。

四、依据学情而定

2019 年，铜山区高中教师参加了暑期培训活动，通过对他们的调查发现，大部分教师不去联系学情，只重文本备课。我们有时备课习惯于在文本解读上下功夫，即重视课标、教材等纸质上的内容，认为备好文本，就可以在不同层次的学校、不同层次的班级里上好这节课。特别是新教师更容易犯这个错误。但是，面对同样的课标、教材、学测等，不同学校的学生原有知识基础（或知识背景）、生活经验、学习风格、学习习惯、学习需求和学习能力不同，校本实情也不同。校本实情包括学习资源、学习模式。如有的学校学习资源和素材丰富，各方面条件较好；有的学校学习模式是小组合作学习方式，有的则是研究性学习方式。因此，学习目标要因校而异、因生而异。

了解学情有三条途径：一是批阅和统计学生作业情况，了解学生知识基础和学习习惯；二是对话学生，理解学生学习需求；三是现场观察学生学习反馈，随时调控教学策略。

依据学生不同学习能力和基础，设计分层教学目标和教学策略，贴近他们各自的最近发展区，可以助推学生由现有水平不断提升发展。例如，针对不同学生设计不同层次、不同难度的问题，使各层次学生都有学习获得感。

关注学情是核心素养落地的关键。本人最初工作时，因为对教学内容不熟悉，往往将备课重点放在教材、教学参考用书上，特别是重点理解教学参考用书上写的教学目标、重难点、教学方法等，照抄在自己教案上，并且背诵下来。但是，实际实施这样的教学方式时，并不切合所教学生的学习方式，包括不符合其接受方式、理解方式等。因为所有的备课都是基于教材、教学参考用书的，而没有考虑学生是怎么学的。后来在指导初入职的新教师时，发现新教师也会犯我曾经犯过的错误。

五、需要考虑课程资源

在学习目标的表述中，开头一般要叙述需要利用的课程资源。这里的课程资源是指可以利用的学习情境、学习素材、媒体（如教具和学具等传统媒体、多媒体）、身边资源、教学设备等。所以,要预先了解本校、身边、网络上有什么地理图片、视频、文字材料、学习场景、实践场景、教学设备等,以便为学生创设情境,或作为探究的对象。

此外,学习目标制订还要考虑课型、教师自身教学经验等多种因素的综合影响。

综上所述,新课程标准、教材内容、学情、考试要求、课程资源是教学目标科学制订的五项主要依据,教学目标是这五项依据交互融合的"生态系统"。为了使教学目标的编写更加契合这五项依据,建议在教学目标的前面,先写上这五项依据,再写教学目标,这样能使教学目标的编写更有依据和针对性,更加科学、合理。

在教学目标前写出的五项依据,可以称为"核心素养分析",包括对课标涉及本节的有关"内容要求""教学提示""学业要求""学业质量水平""地理核心素养水平划分"等的分析、对学情的分析、对教材内容的分析(如本课时内容在整个模块、整个单元中的地位和作用)、对学业考试情况的分析等。

但是,我们常看到,地理教师的教案上都是直接叙述教学目标,没有书写五项依据,而且教案上根本没有给这五项依据提供书写的空间,也没有相应的栏目。这样我们就直接看到教学目标,无法判断教学目标是怎么得来的,是否符合五项依据的要求。至今好像从来没人思考这样的问题:教学目标是从哪里来的? 怎样判断目标制订是否合理?

所以,要求教师在编写教学目标前,先写五项依据,可以倒逼教师查阅、调查和思考五项依据,而不是照抄课程标准、教材内容、教学参考书和网上别人编好的现成材料。

第四节　地理核心素养目标的形式表述

核心素养目标来自对三维目标的整合,又必须体现核心素养要求,两者都要兼顾。所以,核心素养目标的编写,应该以核心素养理念为核心来统领、整合三维目标。

所谓核心素养目标的形式表述,主要是解决目标表述中的句式和理念问题,从语法形式上、操作理念上保证目标提供的信息完整、准确、具体、科学、合理,并凸显核心素养理念。

加涅的信息加工理论表明,学生的整个学习过程一直受到外部条件的强烈影响。在动机阶段,教师就要引发学生对达到目标的心理预期。基于核心素养制订的教学目标对学生的学习具有激励和促进作用。教师要给学生以积极的影响,让他们的学习方式从盲目被动接受知识,转变为由明确内部动机指导下的主动建构和探索。

核心素养目标的规范、科学表述主要有以下几种形式。

一、行为指向下的"知识与技能"目标表述

为强化学习的主体是学生,应该将教学目标转化为学习目标,从学生学习的角度来叙述教学目标。

（一）行为指向下的学习目标组成要素

行为指向的教学目标由课程专家博比特和查特斯创立，后来梅杰等人将其发展到高峰。

行为指向的目标表述方式较为准确、具体、可测。因为它包含了四要素——行为主体、行为动词、行为条件和行为程度。其中“行为动词”包含了谓语和宾语，虽然它暗含了“行为结果”，没有成为一个独立要素，但实际上，行为结果在目标表述上是非常重要的。所以，可让行为结果独立为一个要素——学习结果，即用以明确行为结果。因为学生的行为是学习行为，所以将“行为主体”“行为条件”“行为程度”分别替换成“学习主体”“学习条件”“学习程度”。这样能够使目标更加具体化，从学生学习角度叙述学习目标。

学习目标的具体构成要素详细说明如下：

学习目标是由“A、B、C、D、R”五个要素构成的。其中 A 是学习主体（audience），即学习者，是表述句中的主语；B 为学习行为（behaviour），是表述句的谓语和宾语；C 为学习条件（conditions）；D 为学习程度（degree）；R 为最终学习结果、成果或目的（results）。

1. 学习主体应是学生

教学活动的最终目的是促进学生的发展。因此，学生是学习的主体，教师主要是引导者和促进者。因此，可以用“（学生）能了解……”“（学生）能说明……”“（学生）能读出……”“（学生）能比较……”“（学生）能评价……”等词语，明确学习目标的行为主体是学生。在表述时，常常不写出行为主体学生，但仍能明显看出是从学生角度表述的。

2. 学习行为和过程应突出能力

将课标中含有笼统信息的行为动词和学习内容具体化，就是学习行为的表现形式。地理学习过程主要发展学生的地理能力，如读图技能、地理思维、学习策略和方法等。

多用外显性行为动词，既明确、具体，又可操作、观察和测量。如“学会识记”“绘出……示意图”等词，意思明了，容易观察和检测。少用不清晰、不具体、不能检测的“了解”“理解”“应用”等行为动词，尽可能用可观察的“说出”“指认”“比较”“区别”“阐明”“辨析”等动词。有关行为动词如表 8 所示。

表 8　叙述学习目标所用的行为动词

行为动词类型	目的	地理核心素养目标用词	具体行为动词
了解性的行为动词	多用于记忆知识的目标	区域认知	说出、知道、了解、记住、描述、识别、辨别、背诵、默写、指出、模仿、注意、区分等
理解性的行为动词	多用于理解知识的目标	区域认知、综合思维	解释、概述、复述、归纳、读图、说明、列举、举例、判断等

续表

行为动词类型	目的	地理核心素养目标用词	具体行为动词
应用性的行为动词	多用于方法、技能目标	综合思维、地理实践力	计划、检验、解决、绘图、计算、设计、运用、推理、证明、比较、联系、分析、探究、应用等
实践性的行为动词	多用于实践活动的目标	地理实践力	辩论、讨论、访问、考察、演示、搜集、整理、撰写、推广、测量、测评、调查、模拟、观测、制作、编辑、设计等
情感性的行为动词	多用于体验性目标	人地协调观	参与、寻找、分享、认同、领悟、交流、尊重、沟通、接受、珍惜、欣赏、爱护、树立、热爱、关注、坚持、形成、养成、具有、建立、追求、拒绝、摒弃等

上述各方面的动词都是表示结果目标的行为动词,从认知层次看,先是“了解”,后是“理解”,再是“应用”。而表示过程目标的行为动词有:体会、领悟、感悟、体验、感受、尝试,等等。在编写学习目标时,可能会在一个目标中出现各类动词,以达到学习的递进和拓宽的目的。如“了解黄土高原水土流失概况,理解水土流失的危害,分析水土流失的成因”则是出现了“了解”“理解”“分析”三个动词,体现了逐渐深化的学习过程。

3. 学习条件应情境化

学习条件指的是学生完成学习行为、学习任务、学习结果所需要的情境、条件、素材、途径、方式,越具体越好。包括时间、空间、学习情境、学习辅助手段、工具、学习过程中提供的信息。如“据给定的材料,探究……”“阅读地图……判断”“运用实例……说明”“通过……学习活动方式,分析”等,包括使用何种工具(如地图、网络等),提供什么情境(视频、图示、文字、表格等)。学生所在的县、乡的案例是最好的学习条件。情境对培养学生的核心素养甚为关键,因为情境蕴含着无限“触发”知识、能力和品格的信息。因此,创设知识的发生和迁移的真实情境,可以促进知识的深度学习,激发学生学习兴趣和求知欲。

增强学生对素养目标有关情境的理解和感受。素养目标提倡情境表述方式,使抽象的素养术语情境化、具体化、形象化,提高学生对核心素养的理解力和领悟力。在素养目标的叙述句式中,开头往往要求提供某一个情境,如图、文、视频、实践场景等。

比如,新课标必修一“内容要求”中,“运用图表等资料,说明大气的组成和垂直分层,及其与生产和生活的联系”“通过野外观察或运用视频、图像,识别主要植被,说明其与自然环境的关系”,每项的前句都是要求提供情境,后句则为教学目标。在“教学提示”中,明确要求“充分利用地图、景观图像、地理视频、虚拟技术、地理信息技术和周边自然与社会资源支持教学”,这里的“资源”即为地理情境。

4. 学习方式注重探究

学习方式属于学习条件中的一种方式。主要指采用哪些活动方式，包括自主学习、合作交流、科学探究、实验操作等，用以解决个性差异、共性问题。如“通过合作交流方式，解释……”等。学生通过探究获得知识、领悟观念、掌握方法、发展地理思维能力等。

5. 学习程度应精准化

主要能够检测学生的学习表现和学习结果程度水平。如“能正确说出……的特点（或规律等）”“详细说明……分布（或成因等）”“全面评价……措施（或合理性等）”“正确地说出……”“至少说出三种方法”等。学习程度表述要切合学生水平，不能过高或过低。

6. 学习结果应指向素养

这是学习目标要达成的最低的、共同的、明确的水平。这就是学习目标的价值。其内涵表述必须全面、明确，突出核心素养。学习结果主要是学生最终形成什么核心素养，包括掌握什么知识、技能，发展什么思维、能力，提高什么意识、观念、思想水平，内化什么品格等。

（二）行为指向下的核心素养目标常规表述方式

学者们认为，常规学习目标各要素组合的顺序为：A＋B＋C＋D，即学习主体＋学习行为＋学习条件＋学习程度。实际表述的顺序没有统一的格式，设计者往往按自己的习惯方式来表述。我们常见的学习目标表述格式为：C＋A＋D＋B＋R，即学习条件＋学习主体＋学习程度＋学习行为＋学习结果。

例如，“观察冷锋天气图，（学生）准确、全面说明冷锋过境时、过境前后的天气特点”这一学习目标的构成要素是：“观察冷锋天气图”为学习条件；学生为学习主体，常忽略不写；“准确、全面”为表现程度；“说明”为行为动词；“冷锋过境时、过境前后的天气特点”为学习结果。

据以上表述格式，核心素养学习目标的表述格式是：核心素养名称＋学习条件＋学习主体＋学习程度＋学习行为＋学习结果。这里的“学习主体”可忽略不写。比如“区域水土流失的治理”一节的区域核心素养目标表述是：“区域认知——阅读黄土高原地形图，能够大致分析出黄土高原的位置、范围、过渡性特点、自然和社会经济特征。”其中的“区域认知”为地理核心素养名称，“黄土高原地形图”则为学习条件（情境），“大致”为学习程度，“分析”为学习行为，“黄土高原的位置、范围、过渡性特点、自然和社会经济特征”为要达到的学习结果。学习主体此处忽略。学习结果一般根据课标、教材内容、考试要求而定，学习情境、学习程度和学习行为等都是据学情而定的。

地理问题、学习活动、学习任务的表述形式，也可以借鉴上述学习目标的表述方式。

行为指向的教学目标预设性较强，便于准确、具体地评价学生学习目标的达成情况，是一种“唯科学主义”的教育观。但无法判断学生学习过程中出现的许多高级心理活动，如审美、情趣、态度、品格、价值观等，很难用可观察的外显行为进行具体、精准评价。

二、运用生成性理念表述"过程与方法"目标

"过程与方法"目标宜用生成性理念来表述。在师生互动过程中，不断生成新的目标。从核心素养视角看，"过程与方法"中的"过程"是指学生在解决真实问题过程中，不断感知和体验模拟的科学研究的过程，不是地理发生的过程。其中的"方法"是指科学研究的方法，如野外考察、室内实验、模拟研究、归纳与演绎、定性与定量等方法及其组合的方法。"过程"与"方法"相互融合，过程中含有方法，方法又推动了过程。

生成性目标表述，可以借鉴行为目标表述的句式。其表述要素构成如表 9 所示。

表 9　生成性目标表述要素组合

过程与方法进展	过程与方法 1	过程与方法 2	过程与方法 3	过程与方法 4	过程与方法 5	核心素养
"过程与方法"生成性目标表述	调查、考察当地交通现状	小组分工整理有关资料	分析、探究当地交通存在的问题、原因，提出对策	撰写调查报告	分小组向全班汇报和展示成果	地理实践力、综合思维
表述要素组合	（学习主体）+学习行为+学习结果	（学习主体）+学习条件+学习行为+学习结果	（学习主体）+学习行为+学习结果	（学习主体）+学习行为+学习结果	（学习主体）+学习条件+学习行为+学习结果	学习结果

三、在三维目标融合中表述情感目标

情感目标过于笼统，一般无法测评。如"激发学习兴趣""培养合作意识"等，给人"高""大""上""空"的感觉。但新课标提倡运用表现性评价来测评学生在学习活动中的实际表现，包括情感表现。

情感目标是在长期潜移默化中形成的。在教学活动与情境的相互作用下，学生自我建构思维和情感，个性化、差异性、多样性、开放性较强，在历经高级心理活动中，增强创新能力，最终达成"情感态度与价值观"目标。它不可能在一次教学中就能形成预定的情感目标，需要教师在多次教学中，反复唤起学生积极体验和感知，在长期累积中形成情感态度与价值观、地理品格与思维。

在达成二维目标的过程中形成情感目标。情感态度与价值观目标同其他二维目标密不可分。三维目标间的联系是：知识与技能→过程与方法→情感态度与价值观。意思是：知识和技能目标是三维目标的基础目标，常用结果性目标动词表述；过程与方法

目标是在达成知识与技能目标的过程中形成的能力和方法，常用体验性目标动词表述。情感态度与价值观目标是在学生达成知识、技能、方法等的过程中，产生的情感、态度和价值观。因此，在情感态度与价值观目标表述时，可联系知识与技能目标、过程与方法目标。它往往有固定的表达句式，如“在……过程中，养成……习惯”“通过……活动来感知（体验）……”等。如“全球气候变化”教学的情感目标表述是：“在理解气候变化的原因、分析气候对环境的影响时，培养学生环保的紧迫感、自觉性，树立人地协调观念。”前一句是知识与技能目标，第二句是产生的情感结果，最后一句是核心素养目标。

四、“新三维”目标表述

据卢晓旭等学者的实证研究，为方便评价，将核心素养目标分为“新三维”——资源维、过程维、目标维。“资源维”是情境和教学条件；“过程维”相当于过程与方法，如学习方式、策略等；“目标维”为学习结果。将教学目标分为三个部分来叙述，使教学目标的构成更加简洁易懂，更加简化了表述方式，方便教师学会编写。

参照卢晓旭等学者提供的框架，可以对“新三维”目标进行改进。现以高中地理新课标的一项内容要求“结合实例，说明工业地域的形成条件与发展特点，并分析其工业区位因素”为例，说明对“新三维”目标改进后的表述方式。如表10所示。

表10 “新三维”学习目标表述方式

资源维	过程维	结果维				核心素养标注
		知识	能力	方法	情感	
结合地图、表格和实例	课前查阅资料，小组讨论交流	正确分析理解工业地域形成的条件、发展特点	综合分析工业的区位因素	获取和处理信息的方法，包括综合分析、比较分析、读图分析、案例分析	激起学习兴趣和好奇心，感受乡土情感	区域认知、综合思维、地理实践力

表10与卢晓旭的“新三维”原表的区别是：(1) 去掉了原表中的一项认知目标“分类和层级”，因为它理论性较强，不易被教师写出来；(2) 将“目标维”改为“结果维”，并细分为知识、能力、方法、情感四项结果，让学习结果更加具体、细致和突出；(3) 在表格最右边增添了一项“核心素养标注”，明确指向地理核心素养。

地理核心素养下教学目标的表述不应抛弃三维目标，而应回归三维目标，在整合过程中，体现和落脚在培养学生的地理核心素养上。

核心素养目标的实施，促成了从分割的三维目标向整体的育人目标转变。科学制订其教学目标，应基于新课标、学生认知水平、学测、教材，创设具体情境，以四大地理核心素养为统领，兼顾教、学、考，改变以教为主的教学方式和以记忆为主的学习方式，最终实现育人目标。

第五节　地理核心素养目标的内涵表达

核心素养是学生经过系统的、结构化的教学程序后，获得的关键能力和必备品格。教学目的是更好地执行立德树人的育人目标。那么，核心素养教学目标在内涵上如何表述？它与三维目标的表述有何区别？

所谓核心素养目标的内涵表达，主要是解决知识、关键能力和必备品格（核心素养）、情感等各要素深度融合的问题。

核心素养教学目标的形式表述，由行为主体、行为动词、行为条件、行为程度等各个要素有机整合而成，遵循一定的语法结构和用语习惯，解决核心素养目标句式表述规范上的问题，保证学生从中获得完整、准确的信息。但是，如何使教学目标真正体现核心素养的内涵要求，这就需要按照核心素养的育人功能，解决教学目标深层次表达的问题。以下叙述的“四三三”认知目标、双基主线式目标、素养水平式目标，从不同角度突显了核心素养的内涵。

一、“四三三”认知目标

“四三三”认知目标是四维核心素养、三维目标和三层认知目标深度融合的目标。宏观表述上，以四大核心素养统领三维目标；中观形式上，以三维目标整合情境、问题、学生学习活动、学习结果等；微观上，以三层认知目标具体表现出来。这就形成了“四三三”认知目标。

“四三三”认知目标有效解决了两大问题：一是核心素养具体化、细致化问题，二是三维目标、认知目标和核心素养教学目标的整合问题。因此，在这类目标阐述之前，首先要搞清核心素养的内涵及其与三维目标之间的关系。

（一）理解四大地理核心素养内涵及与三维目标间的关系

1. 深刻理解和领悟四大地理核心素养的内涵

这是设计地理核心素养目标最关键的环节。地理核心素养由人地协调观、综合思维、区域认知和地理实践力四部分组成。“人地协调观”指的是人口观、资源观、环境观、发展观等，是地理素养中最核心且最重要的价值观，课时目标都要有这一目标。它包括地理环境对人类活动的影响、人类活动对地理环境的影响以及人类活动与地理环境间的相互关系。“综合思维”包括时空综合、要素综合、地方综合，是培养学生形成地理思维的重要目标。“区域认知”是指认识区域的知识、技能、方法和价值观，是学习地理学科特有的能力。“地理实践力”是学生活用地理知识和技能、感悟和解决真实问题的关键能力。

2. 地理四大核心素养间关系密切

区域认知反映了地理学的一大特点：区域性，是学习地理学科的基础。综合思维和地理实践力是学习地理的过程和方法，其中综合思维反映了地理学科另一个重要特点——综合性，它是学生地理能力形成的基础。地理实践力素养使学生获取基本活动经验与学习方式，是培养区域认知和综合思维素养的手段与方法。人地协调观则处于前三大素养的上层位置，是学生学习地理的起点和终点，起着统领作用。因此，四大核心素养间是相辅相成的关系，相互联系，相互渗透，相互促进，相互提升，相互生成，形成一个有机整体。如图 4 所示。

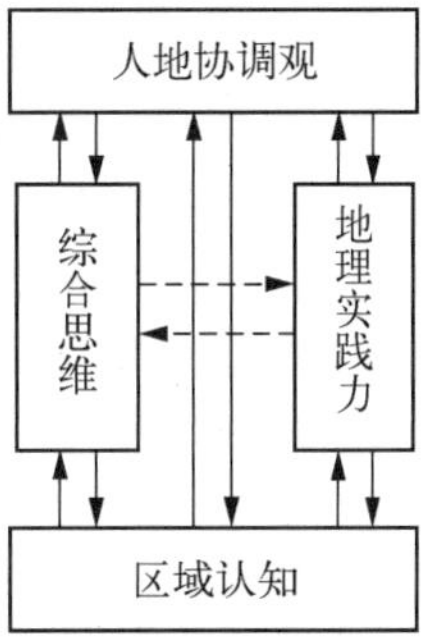

图 4　地理四大核心素养间的关系

3. 地理核心素养与三维目标间有着紧密的内在联系

“核心素养”课程目标是对“三维”目标的提炼与整合、继承与发展。将“知识与技能”提炼为“必备的能力”，将“情感态度与价值观”凝练为“必备的品格”，“过程与方法”是形成和发展必备能力与品格的路径。三维目标整合成的四个关键能力和必备品格即为四大地理核心素养。地理三维目标是学生养成核心素养的重要途径，地理核心素养是地理教学的终极目标。因此，地理教学目标的表述以三维目标为基本方法和策略，以地理核心素养为基本价值取向。

地理三维目标与核心素养目标的关系，形式上从三维走向四维，从分层走向整合；内涵上从分散走向凝练；从偏重知识技能走向关键能力和必备品格。

物理学科将三维目标对应升级为核心素养的方法是“知识与技能”升级为“物理观念”“过程与方法”升级为“科学思维”和“科学探究”“情感态度与价值观”升级为“科学态度与责任”。

借鉴物理学科升级方法，地理三维目标对应整合为地理核心素养的方法如下：(1)“知识与技能”凝练为“区域认知”。因为地理与其他学科最大不同是区域性或空间性。有人说，一旦地理过深涉足某一学科，就进入了另一学科范畴，就不是地理了。此种说法有点狭隘。因为其他学科与地理交叉部分，就是空间性内容。空间性是地理区别于其他学科最本质、最显著的特性。任何知识和技能都要落实在区域内，否则就不可能成为地理学科。例如高考、学业水平测试题，大多给出区域地图、区域资料，考查地理事物的空间联系、问题、成因和解决策略。(2)“过程与方法”凝练为“综合思维”和“地理实践力”。(3)“情感态度与价值观”凝练为“人地协调观(或说人地观念)”。这样，地理核心素养与三维目标之间的对应关系有利于我们更好地拟订能体现核心素养内涵的学习目标。

(二)“四三三”认知目标表述

我们有时叙述的教学目标不明晰、泛化、难评测、难执行，主要原因是教学目标不具体和不分层。因此，必须将教学目标表述为具体、明确、可评价检测的语句，增强教学的方向性和有效性。

“四三三”认知目标属于分级式目标，可以将教学目标由高到低细分为若干个层次，逐层递进深入，指向深度学习和高阶思维，教师容易落实。

以地理四大核心素养作为四项教学目标，称为四维目标，作为一级目标，属宏观目标；在每一项核心素养目标下，又分为三个维度的目标（三维目标），作为二级目标，属中观目标；在每一个维度的目标之下，又各自分为三个层次的布卢姆认知目标，作为三级目标，属微观目标。这就是四维三级三层式认知目标，简称“四三三”认知目标。

每一大核心素养分三个维度的目标表述，每一个维度的目标又从三个常见认知层次来具体叙述，水平由低阶到高阶。如知识与技能的三个认知层次为了解、理解和应用；过程与方法的三个认知层次为学习、实践和反思；情感态度与价值观的三个认知层次为感受、体验和领悟。

具体表述句式为：核心素养＋三维目标＋认知目标。如表 11 所示。

表 11 “四三三”式目标构成

一级目标 （四大核心素养）	二级目标 （三维目标）	三级目标 （认知目标）
区域认知	知识与技能	了解、理解和应用
	过程与方法	学习、实践和反思
	情感态度与价值观	感受、体验和领悟
综合思维	对应同上	对应同上
地理实践力	对应同上	对应同上
人地协调观	对应同上	对应同上

1. 知识与技能目标的递进式结构

该维度目标是对学生学习是否达到学会的结果的描述，是结果性目标。它是全部教学目标的基础。可以从了解、理解、应用三个递进式层次叙述。

层次 1“了解”：结合具体情境，知道或说明即可。了解是理解的基础。

层次 2“理解”：能够描述地理特征，比较和分析地理特点、成因等。理解是了解的深化。

层次 3“应用”：在理解的基础上，将知识迁移应用到新情境中，是较高的能力要求。

有学者指出，了解、理解、应用三个层面的认知目标不好测量。其实可以分别以大致说出、灵活说出、举例说明等具体可测的词语来衡量了解、理解、应用的表现程度。

2. 过程与方法目标的阶梯式结构

这一维度目标属于过程化目标或程序性目标，是在教师指导下，学生获取知识和技能的具体程序与做法。它是教学的操作系统，目的是让学生会学。

阶梯 1“学习”：据具体问题情境，“学懂”即可，培养学生基本学习能力。

阶梯 2“实践”：学生亲身经历观察、调查、实验、制作等活动，获得地理知识、技能和思维。

阶梯 3“反思”：学生在具体活动中，通过感悟反思，萌发创新性想法。

学习是实践的基础，实践是学习的深入，反思是对二者的反馈、调控与优化。

3. 情感态度与价值观目标的等级式结构

本维度目标是学生体验学习过程和结果后的感受，获得主观经验、情感、态度和价值观，是体验性目标。目的是促进学生乐学，是教学的动力所在，属于隐性目标。

等级1“感受”：学生在经历学习活动后获得的感性经验，可用尊重、热爱、喜爱等词语来描述感受程度。

等级2“体验”：学生对学习过程表达出情感、态度及价值观，可以用了解、理解、养成等词语来描述。

等级3“领悟”：学生在活动中经过反思、内化、感悟等，表现出较为稳定的情绪、情感等，可以用“提高……意识”“培养……观念”等词语来描述。

克拉斯沃尔认为，学生的情意发展呈现螺旋式上升的过程：从感受到体验，再到领悟，是由单纯的认同和接受，逐渐产生情感倾向，再经内心体会发生态度的变化，最终经过自觉加工而升华成自己稳定的、长期的情感和认识。

（三）“四三三”认知目标表述案例

以鲁教版高中地理教材“黄土高原水土流失的治理”新旧课标教学目标表述为例，说明两者内涵表述上的区别。如表12所示，表格右边为三维目标表述，左边为“四三三”目标表述，两者有不同之处。

表12　“黄土高原水土流失的治理”三维目标与“四三三”认知目标表述上的区别

“四三三”认知目标表述（新课标）	三维目标表述（旧课标）
1. 区域认知 自主阅读黄土高原地图，大致了解黄土高原的位置、范围、过渡性特点、自然和社会经济特征，具体感知空间观念、区域认知与分析的方法。 2. 综合思维 结合黄土高原气候统计图、地形图等图示，以及耕地、植被、土壤等相关图文表资料，从气候、地貌、植被、土壤等要素方面，小组合作定性分析水土流失的成因，以及与危害、治理措施之间的联系；提高逻辑推理、综合分析和合作交流能力，领悟科学方法的运用过程。 3. 地理实践力 在黄土高原地图上，正确填出黄土高原四周边界名称；小组合作做实验或观看视频，观察分析降水量、植被覆盖度、坡度大小等与水土流失程度的关系；提高动手能力，激起好奇心和探究兴趣。 4. 人地协调观 结合相关图文资料，全面理解水土流失对当地自然环境、社会经济、下游的影响，以及合理与不合理的人类活动分别对水土流失产生的影响；从工程、农业、生物等方面，讨论提出治理水土流失的可行性措施；树立科学的资源观和可持续发展观，提升创新思维和地理表达能力，满足解决地理问题的成就感和自信心。 教学重点：(1) 区域认知：区域特征分析；(2) 综合思维：水土流失成因分析；(3) 地理实践力：动手做实验；(4) 人地协调观：区域影响评价和提出解决措施。 教学难点：(1) 区域认知：区域自然特征分析；(2) 综合思维：水土流失的自然成因分析；(3) 人地协调观：区域影响评价。	1. 知识和技能 知识：结合相关图文资料，认识黄土高原的位置、范围；分析水土流失的危害和治理措施。 技能：读图、填图技能；实验技能；自主学习和合作学习技能。 2. 过程和方法 通过读图和实验，分析黄土高原水土流失的成因；在自主学习和合作交流中，认识水土流失的危害，提出相应的治理措施。 3. 情感态度与价值观 提高保护环境的意识，认识到治理水土流失的紧迫性；辩证看待人类活动与生态环境的对立统一的关系。 教学重点：黄土高原水土流失的原因、危害和治理措施。 教学难点：黄土高原水土流失的原因。

(四)“四三三”认知目标的优缺点评价

1. 优点

(1) 整合性。“四三三”认知目标整合了三维目标、学业要求和学业质量水平的要求。每一项核心素养下包含了三维目标,是四维统领下的三维纵深目标。同时三维目标的每一维目标下,又有三层学习程度要求,显然是相应的学业要求和学业质量水平要求。如区域认知素养目标包括了三维目标:黄土高原的自然和社会经济特征为知识,阅读地图为技能;读图和自主活动为方法与过程;感知为情感目标。同时,用了“了解”一词,属于认知层次的最低目标。其他三个核心素养叙述类似。其中,“人地协调观”目标用了“评价”一词,是较高层次的认知目标。

(2) 关联性、层次性和递进性。从上表左栏具体内容上可以看出,四维核心素养间存在着紧密联系:区域认知涉及对各要素的认识,这是综合分析(综合思维)的基础;在区域认知和综合思维基础之上,训练地理实践能力更有效果;而培养前三个核心素养过程中,形成了人地协调观;四个核心素养逐级抬升。从三维目标具体表述上看,各自都有由低阶到高阶的学习要求。

(3) 可操作性。正因为三维目标之下有学习程度指标层次,才使核心素养目标叙述得更为具体、细致、可行、有效。

(4) 创新性。“四三三”目标在表述教学重难点上具有创造性。从上表可看出,两类目标中的重难点叙述方式不同。三维目标的重难点就是知识点,或是知识教学上的侧重点。如上表中三维目标教学重难点就是水土流失内容中的某些知识点。而“四三三”目标中的教学重难点则是某些具体的核心素养目标。如上表中“四三三”目标的教学重点是区域特征分析、水土流失成因分析、实验能力、区域影响评价和提出解决对策的能力,分别对应区域认知、综合思维、地理实践力、人地协调观四项核心素养;教学难点则是区域自然特征分析、水土流失的自然成因分析、区域影响评价,分别对应区域认知、综合思维、人地协调观三项核心素养。

2. 缺陷

“四三三”认知目标,虽然突出四大核心素养,但有两大缺陷。

一是四大核心素养的概念较抽象,需要细化和具体化。这些目标最终是要给学生阅读的。以四大核心素养作为统领,较概括、笼统。核心素养的内涵只有教师能弄懂,学生不懂四大核心素养的内涵,也可能不理解其中的本质。如果将四大核心素养进行细化,如将区域认知细化为区域特征分析、区域影响评价、区域决策等,学生更能领会其中的含义。但是,此做法有利也有弊,弊处在于可能会使目标表述更加复杂化。

二是书写量过大,需要简化。由于目标层次体系过多,面面俱到,文字量较大,内容较多,学生阅读和理解消耗时间过多。上表为了帮助理解,所利用的资源和教学过程描述非常详细,实际书写时,不一定按照上表形式去写,可以灵活处理。如简写所利用的资源,只写为“利用相关图文表资料”“分析实例”等;认知层次的目标可以写出最符合学情的目标,如人地协调观目标,可以简写成某一个最重要的认知层次的目标:理解和领悟人地关系和可持续发展观念,提出可行性对策。

二、双基主线式目标

所谓地理“双基主线式”教学目标,即核心素养教学目标以“双基”为主线来表述。这种表述并非要回到双基教学目标和双基教学模式,而是把它作为一条主线,将教学各要素和核心素养串联起来。

(一) 双基主线式教学目标能促进三大目标的深度融合

为什么要强调双基在核心素养目标中的作用呢?这是因为双基目标、三维目标和核心素养目标间有着紧密的联系。2019 年 6 月,国务院办公厅印发的《关于新时代推进普通高中育人方式改革的指导意见》中指出:“提高课堂教学效率,培养学生学习能力,促进学生系统掌握各学科基础知识、基本技能、基本方法,培养适应终身发展和社会发展需要的正确价值观念、必备品格和关键能力。”这里把“基础知识、基本技能”放在“必备品格和关键能力”(核心素养)的前面,说明双基教学是培养核心素养的基础。因此,在新时代课堂教学改革中,双基教学相当重要。

从双基目标到三维目标,再到核心素养目标,是从知识本位到学科本位,再到育人本位的根本转变。核心素养是对三维目标的传承与超越。传承是对三维目标的整合,超越是指育人功能。三维目标突破了以双基为中心的传统教学方式,缺点是缺乏对教育内在性、人本性、整体性和终极性的关注。三者的共通性在于都把双基作为最基本的养料和载体。

地理核心素养虽然是对地理三维目标的发展和创新,但地理三维目标是从双基提升来的,因此,地理核心素养涉及的各项能力和品格,如实践能力、方法、思维、观念、情感等,都建立在双基基础之上,双基是基础的基础。

核心素养是学生在建构知识的过程中形成的,离不开知识的奠基。虽然学科知识体系的完备性、系统性目前有所弱化,但一节课的学科逻辑主线和基础知识建构是必须具备的。因此,知识是培养学生核心素养的载体。

核心素养是教学的最终目的和最高目标,是通过双基、三维目标的落实而最终实现的。因此,核心素养目标表述中,不应直接出现学生不懂的四大核心素养名称,而应先从叙述知识点开始,再牵引出三维目标,最终达成核心素养的结果。因为,首先双基是培养核心素养的载体;其次无论是传统教学,还是新课标理念的教学,都是从最基本的知识点教学开始的;第三,从知识教学开始,教学最容易操作和测量。

(二)“双基主线式”教学目标的构成

“双基主线式”教学目标由四部分构成:利用的教学资源+学习过程或学习方式+三维目标+核心素养目标。以基本知识点和基本技能为主线,将资源、过程、达成的各项具体目标串起来,并在结尾括号里明确标注该教学目标所达成的核心素养,构成一条完整的目标链条。

例如，新课标中有一项内容要求是“运用资料，说明常见自然灾害的成因，了解避灾、防灾的措施”，针对这项内容要求，设计的核心素养教学目标如下：

（1）结合图表、文字材料，在独立思考的基础上，小组合作综合分析、比较分析、动手绘图，正确说明常见自然灾害如台风、寒潮、地震、旱涝等成灾的原因；激发学习兴趣和求知欲，培养交流表达、综合分析、分析比较、归纳总结、动手实践的能力（区域认知、综合思维、地理实践力）。

（2）分析案例，小组讨论说出常见自然灾害防御的措施和避灾方法；在交流展示中，培养正确的自然观和可持续发展观（地理实践力、人地协调观）。

以第一条目为例。以“自然灾害的成因”（基础知识）以及综合分析和比较分析技能（基本技能）为主线，将图表文材料等资源、独立思考和小组合作的过程、达成的结果目标（如知识、技能、情感等）、要达到的核心素养目标连成一体。各项地理核心素养与双基关系密切：“区域认知”即为对区域性的自然灾害成因的认知，“综合思维”为综合分析和比较分析自然灾害的成因，“地理实践力”主要是讨论交流表达能力、绘图能力等。以双基为主线的核心素养教学目标设计，核心素养一般标在目标句子最后，以括号区别前述语句。第二条目表述方式与上述类似。

三者目标融合形成的“双基主线式”目标，表述如表 13 所示。

表 13 “双基主线式”目标表述

利用的资源	过程	学习结果			终极目标：核心素养		
		知识	技能、方法、思维	情感态度价值观	区域认知	综合思维	地理实践力
结合图表、文字材料	在独立思考的基础上，小组合作	正确说明常见自然灾害成因	综合分析、比较分析、动手绘图	兴趣、求知欲	同左“知识”	综合分析、比较分析	动手绘图、合作交流表达能力

（三）优缺点评价

以双基为主线的目标设计比较实用，因为实际的教学过程都是为了达成知识和技能的目标，而地理的各项关键能力（区域认知、技能、方法、思维、实践力等）和必备品格（交流能力、情感、人地协调观等）都是在知识和技能目标达成的过程中实现和形成的。

双基主线式目标设计，继承了双基目标和三维目标的表述样式，同时融入了地理核心素养要素，实现了三者的整合。在编写教学目标和组织课堂教学活动上，教师理解快，上手也快。

双基主线式教学目标解决了“四三三”认知目标表述中的过细、过多、过杂的问题，书写量减少，简便易写，句子可长可短，操作性强；同时融合了双基、三维和核心素养目标，并凸显对学生核心素养的培养。但是，知识与素养如何达到更进一步的深度融合，需要进一步探讨。

三、素养水平式目标

双基目标和三维目标中的重难点一般是知识点，是传统上所说的知识教学上的侧重点，非常容易确定。但核心素养教学不一味强化知识点教学，那么怎样科学地认定教学重点和难点？

素养水平式目标根据知识和核心素养的关联程度，有效地解决了核心素养教学重难点认定和不同水平层次教学方面的问题。

素养水平式目标是知识与素养深度融合的目标。它主要按照地理核心素养水平划分标准来表述教学目标。这种内涵式表述，解决了知识与核心素养深度融合的问题。现以新课标内容要点“结合实例，说明不同地区农业生产的特点，并分析农业区位因素”为例，说明素养水平式目标的制订程序和表述方式。

（一）首先解读新课标，分析教材知识点与核心素养的关联程度

1. 细化核心素养要求

在深刻理解地理四大核心素养内涵的前提下，将地理四大核心素养按照“地理学科核心素养水平划分”细分为13个次一级的核心素养，如表14所示。

表14　地理核心素养内容与教材知识要点的关联程度

<table>
<tr><th colspan="2" rowspan="2">地理核心素养内容</th><th colspan="2">教材中的知识要点</th></tr>
<tr><th>不同地区农业生产的特点</th><th>农业区位因素分析</th></tr>
<tr><td rowspan="3">区域认知</td><td>区域特征分析</td><td>· · ·</td><td>· · ·</td></tr>
<tr><td>区域评价</td><td></td><td>·</td></tr>
<tr><td>区域决策</td><td></td><td>· ·</td></tr>
<tr><td rowspan="3">综合思维</td><td>时空综合分析</td><td></td><td></td></tr>
<tr><td>要素综合分析</td><td></td><td>· · ·</td></tr>
<tr><td>地方综合分析</td><td>· · ·</td><td>· · ·</td></tr>
<tr><td rowspan="4">地理实践力</td><td>观察与调查，获取和处理信息</td><td>·</td><td>·</td></tr>
<tr><td>独立设计和实施实践活动</td><td></td><td></td></tr>
<tr><td>创造性的想法</td><td></td><td></td></tr>
<tr><td>克服困难的勇气和方法</td><td>· · ·</td><td>· · ·</td></tr>
</table>

续表

<table>
<tr><td colspan="2" rowspan="2">地理核心素养内容</td><td colspan="2">教材中的知识要点</td></tr>
<tr><td>不同地区农业生产的特点</td><td>农业区位因素分析</td></tr>
<tr><td rowspan="3">人地协调观</td><td>分析现实的人地关系</td><td>•</td><td>•</td></tr>
<tr><td>理解人地关系的辩证统一关系</td><td></td><td></td></tr>
<tr><td>评价人地关系问题</td><td></td><td></td></tr>
</table>

无黑点表示无关联,“•”表示有关联,“• • •”表示关联程度最大

2. 分析知识与核心素养关联的程度

翻阅课标“内容要求”“学业建议”“教学提示”,分析它们与所教知识(或教材知识)要点的关联程度,思考“显性和隐性的素养”“重点素养”“素养培养的方法”“测评素养的方式”等分别是什么。根据关联程度,确定核心素养与知识点的对应关系及培养核心素养的重难点内容。

3. 核心素养表述节课化

核心素养名词比较抽象、概括,为了使其具体、形象,必须使之与所教的节或课发生联系。思考的思路是:分别在核心素养名称前面加上“本节”或“本课”,即从本节或本课角度,审视核心素养分别是什么。如本节的区域特征(区域认知)是什么,本课的要素综合(综合思维)是什么,本课的人地关系内容(人地协调观)怎样表述和分析等等。这种分析思路,就在核心素养与本节(或本课)内容间建立了某种联系,利于叙述教学目标。

表 14 所示,与知识要点关联程度较大的次一级核心素养是区域特征分析、地方综合分析、实践活动中克服困难的勇气和方法。根据它们所对应的上一级核心素养类型,可以确定重点培养的核心素养是区域认知和综合思维,难点是综合思维。

(二) 素养水平式教学目标的制订

根据新课标中选择性考试和合格性考试对于核心素养水平的不同要求,以及核心素养与教材知识要点的关联程度,结合学情等要素,按照新课标“地理学科核心素养水平划分”所划分的“水平 1”到“水平 4”的描述,表述核心素养教学目标。下例是为合格性考试设计的教学目标,其素养水平式目标只能对应“水平 1”和“水平 2”两种水平,“水平 3”与“水平 4”为选择性考试目标水平,此处不再列出。

“农业生产与农业区位”的素养水平式教学目标

素养水平 1:(1) 区域认知:分析区域案例,认识和归纳不同区域农业生产特点和影响农业的区位因素;(2) 综合思维:结合区域案例,说出影响农业的区位因素,并分析各因素间的相互作用;(3) 地理实践力:合作设计和实施地理实践活动—观察和调查—获取和处理信息—探索农业问题,激起探索问题的兴趣和克服困难的勇气;(4) 人地协调观:结合实例,分析现实农业中存在的人地关系问题。

素养水平 2：(1) 区域认知：解读区域案例信息，分析区域农业有利与不利的区位因素；(2) 结合区域实例，分析区域特征和各因素间的相互影响，以及随时间和空间的变化趋势。

教学重点：(1) 区域认知：区域特征分析；(2) 综合思维：地方综合分析。

教学难点：主要指要素综合与地方综合(综合思维)。

(三) 素养水平式教学目标优点

这种教学目标突出了核心素养教学上的重难点，书写量大大减少，直接与核心素养水平划分相联系，增强了核心素养目标的可靠性和实效性。根据知识与核心素养的关联程度，可以决定是否写对应的核心素养。如上述"素养水平 2"中，只写了两个核心素养目标，因为只有这两者与知识联系最大。关联程度非常小和无关联的核心素养，一般不在目标中写出来。

第六节　构建结构化的地理核心素养目标

教学目标具有层次性和系统性两大特点。

层次性。学生不同，其知识基础、经验、智力和非智力水平不同，不能设计一个层次的教学目标来完成多个教学任务，需要依据学生的差异性，设计多个层次的教学目标。

系统性。课堂教学系统是由各教学要素组成的复杂体系，需要教学目标对各教学要素进行整合，发挥整体联动的教学效应。

教学目标的层次性和系统性决定了其结构化的呈现形式。

一、从目标系统性上设计教学目标，整体培养学生的核心素养

设计"三大"教学目标，指向各项核心素养。"三大"是指大内容、大概念、大问题，内容的综合性强，有利于整合知识、技能、方法、思维等，从整体上培养学生的各项核心素养。

1. 以大内容为核心，整合相关内容

大内容是指主干内容、核心内容、最重要的内容，能按逻辑关系将各分支内容联结起来，避免陷入过碎、局部、过细内容的教学。可以针对重难点内容，设计相关问题；用思维导图、概念地图等可视化手段，统整相关内容。

2. 下位概念应服从上位概念

大概念是指上位概念，能统摄众多下位概念。大概念多指地理概念、地理原理、地理事实和地理观念等。将下位概念各部分内容归并给大概念，建立各内容间的联系，以免各个概念互不联结。《普通高中课程方案》(2017 年版，2020 年修订)中提出："重视以学科大

概念为核心,使课程内容结构化。"因此,将单元目标涉及的上位概念,分解为课时目标涉及的多个下位概念,使后者为前者服务,加深学生对各内容间内在联系的理解。

如高中地理"产业转移"一课内容的学习目标是:(1) 阅读图示和数据,分析产业转移的方向、主要类型、特点;(2) 根据图表,分析产业转移的原因;(3) 调查产业转移对本地带来的影响,并给出自己的建议。本课时的三个问题所涉内容均为下位概念,均服从于上位概念:区域内具有整体性特点,区域间具有差异性和开放性特点,据此应因地制宜地合理开发、利用和发展区域。这个上位概念是地理原理和地理观念。

3. 课时学习目标应与单元大问题对应

大问题是指系统设计的问题链,据此进行项目式、主题式、问题式、单元式教学。大问题又称核心问题,一般以单元为单位设计大问题。

一个课时的学习目标要与单元大概念下的大问题对应。现以鲁教版高中地理《城市空间结构》课时目标为例,说明单元大概念、单元大问题和课时学习目标间的关系。如表15所示。

表15 单元大概念、单元大问题与学习目标

单元名称	单元大概念	用于支持单元大概念的单元大问题	课时学习目标("城市空间结构"一节)
城市与地理环境	城市发展要与人口、资源、环境相协调	(1) 城市是如何起源的?(2) 什么是城市化?(3) 世界城市化进程有什么特点?(4) 什么是逆城市化?怎样产生的?(5) 城市化过程对地理环境有什么影响?(6) 影响城市的区位因素有哪些?(7) 城市有什么作用?形成什么样的体系?(8) 什么是城市功能区?(9) 商业区、住宅区、工业区各有什么分布特点及原因?(10) 中心商务区有哪些特点?(11) 影响城市功能区的主要因素是什么?(12) 城市空间结构有哪些模式?(13) 地域文化对城市有何影响?	a. 读本地城市图,找出城市功能区并说明其含义;b. 读城市图,分析商业区、住宅区、工业区分布的特点及原因;c. 读城市图、景观图、视频和文字材料,说明中心商务区的特点;d. 读城市图、统计图、表格等,分析影响城市功能区的因素;e. 读各类城市空间结构模式图,说明各自形成的主要原因;f. 据欧美、中国等城市景观图,分析地域文化对城市的影响。

在表15最右边一栏的课时目标中,a～f各项学习目标,分别与单元大问题中的(8)～(13)对应。用以支持单元大问题,建构单元大概念。

二、从目标层次性上设计教学目标,分层培养学生的核心素养

1. 从宏观到微观设计分层教学目标

将某一课时的教学目标放在更大视野的各个级别目标层面上,考察其地位和所起

的作用。为此，需要从宏观、中观到微观层面，设计相应的地理课程目标、学段目标、模块目标、单元目标、课时目标。一般顺序是：先设计模块目标，再据此确定相应的单元目标，最后设计课时目标。这样，整体目标通过具体目标得到落实和体现。在设计某一课时教学目标时，参考新课标有关各模块的“学业内容”“学业要求”“教学提示”等要求，考虑它在所在模块学业要求的地位和作用，以及与该模块其他内容要求的关系。例如，地貌、植被、土壤等要素紧密联系，可以融合单元目标、课时目标，相互联系和相互渗透。同样，也要找出各模块之间的必然联系。系统化设计分层教学目标，可以在培养学生各项核心素养方面形成强大的合力。

2. 从知识到思维再到实践，设计分级提升的教学目标

如对“可持续发展”一节设计的教学目标为：(1) 自主阅读教材、读示意图、查询网络和分析案例，总结可持续发展的概念和内涵(地理实践力、综合思维)。(2) 据案例分析协调人地关系和可持续发展的途径，说出缘由(综合思维)。(3) 调查当地主要环境问题，并提出可持续发展建议(地理实践力)。

上述第(1)层着重说明了关键内容的学习方式，包括自主读图、网络学习、案例分析等方式，目的是在促进学生获取关键内容的过程中，培养学生的思维能力。第(2)层着力提升学生的思维能力，要求学生说出途径和缘由，旨在考查综合思维素养。第(3)层重视实践能力和应用能力，鼓励学生主动参与社会调查，并参与政府决策，可以提高学生的地理实践能力。每一层侧重培养不同的核心素养，三层逐渐递进。以知识为载体，最终培养学生的思维能力和实践能力。

3. 从低阶思维到高阶思维，设计分层递进式目标链

设计由低阶思维到高阶思维分层递进的教学目标，可以满足不同认知层次的学生。低阶思维的目标适合所有学生，高阶思维的目标适合少数学生。

如“水循环”一节的教学目标可以设计为：(1) 阅读教材，叙述水循环的概念(区域认知)。(2) 阅读水循环示意图，说明水循环的环节、类型和过程(综合思维)。(3) 读图文表资料，评价水循环的意义(综合思维、人地协调观)。第(1)层为低阶思维的问题，所有学生都可以回答；第(3)层用了“评价”一词，能力要求较高，为高阶思维的问题，一般由少数学生解答。三个目标在知识深度、认知层次、思维等方面，逐级递进和提升。

第七节　核心素养目标的评价与反思

通过观察，可以发现地理教师平常听课、评课、课堂教学以及评价与反思的重点均放在地理教学内容的教学上，普遍忽视对地理教学目标的评价和反思。应该从课前、课后两个时间点上，对地理教学目标进行正确评价和反思。

一、课前:定量诊断地理教学目标表述的质量

定量评价能够使教学目标设计更加科学合理。为此,特设计“地理课堂教学目标设计水平评价指标体系”,用以诊断教学目标表述的合理性。如表 16 所示。

表 16　核心素养教学目标的定量诊断标准

一级指标	二级指标	评价标准
背景分析评价	分析	指客观陈述课标要求、教材内容、学情、学测要求、课程资源五项内容。述及 3 项以下、3—4 项、5 项、5 项且解析、5 项且深度解析,分别计 1、2、3、4、5 分
	借鉴	指综述其他文章的教学目标设计。述及 1—2 篇、2—3 篇、3—4 篇且有优缺点、3—4 篇且有优缺点和自我见解,分别计 1、2、3、4、5 分
形式表述评价	学习主体	少数、约一半、多数、绝大部分、所有句式所指的学习主体是学生,分别计 1、2、3、4、5 分
	学习行为	少数、约一半、多数、绝大部分、所有句式的行为动词有可测量性,分别计 1、2、3、4、5 分
	学习条件	少数、约一半、多数、绝大部分、所有句式有学习条件,分别计 1、2、3、4、5 分
	学习程度	无、少数目标有且与目标不对应、多数有且与目标不对应、少数有且与目标对应、多数有且与目标对应分别计 1、2、3、4、5 分
	学习结果	知识、技能、方法、思维、实践力、情感、观念七项中,写其中 3 项以下、3—4 项、5—6 项、7 项、7 项且句式规范,分别计 1、2、3、4、5 分
内涵表达评价	学习结果与核心素养的关联度	知识、技能、方法、思维、实践力、情感、观念七项中,具体细化的核心素养有 3 项以下、3—4 项、5—6 项、7 项、7 项且都匹配,分别计 1、2、3、4、5 分
	认知目标与核心素养的关联度	核心素养目标可以细化为三大目标,并与相关认知层次对应:(1) 知识目标对应了解、理解和应用三个认知层次。(2) 方法目标对应学习、实践、反思三个认知层次。(3) 情感价值观目标对应感受、体会、领悟三个认知层次。若只能写出其中一大目标、两大目标的认知层次,分别计 1、2 分;若三大目标分别都能对应写出匹配的 1、2、3 项认知层次,分别计 3、4、5 分

续表

一级指标	二级指标	评价标准
资源评价	教学资源	利用的教材资源小于30%、大于30%分别计1、2分；2分之上，所更新的资源所属地非邻近地区且不属所在地级市计4分；4分之上，更新的资源所属地为邻近地区或为所在的县级行政区
	利用理念	利用资源的方式落后、传统分别计1、2分；自主、合作、探究方式利用资源计3分；3分之上有新的资源利用法计4分；4分之上，理念方法合适且有效计5分
内容质量评价	标准性	指有无新课标中的内容要求、目标设计是否与之对应。 内容要求无或写错、有且不对应、有且对应分别计1、2、3分；3分之上，有、无超出课标分别计4、5分

表中分别设定了背景分析、形式表述、内涵表达、资源、内容质量共五项评价标准。评价标准所说的少数（40%以下）、约一半（40%—60%）、多数（61%—80%）、绝大部分（81%—99%）、所有（100%）等定量说法，参考了华东师大卢晓旭等学者实证研究的成果。

（1）背景分析评价。此项常常被地理教师忽略。分析背景内容，有助于拓宽制订目标的视野，精准选择相应目标。背景分析内容包括课标、教材、资源、学情、学测等内容和要求，以及参考和评论其他文章中相关教学目标。

（2）形式表述评价。教学目标表述的形式应该符合目标表达的规范：① 能写出完整的五要素：学习主体、学习行为、学习条件、学习程度和学习结果；② 达到各要素的要求：学习主体一定是学生，学习条件上阐明了学习方式（如自主、合作、探究）、情境和资源，学习行为可以测量，学习结果（如知识、技能、方法、情感等）表述全面、明确，对应标明所培养的地理核心素养。

（3）内涵表述评价。主要评价地理知识情感等目标、认知目标与核心素养的关联度，目标中应该有具体细化的核心素养要求。以此说明地理核心素养的内涵是否体现在教学目标中。

（4）资源评价。质量较高的地理情境资源，主要为教材资源和乡土资源。能充分利用教材资源，且为邻近地区的乡土资源，增加学生对资源的熟悉感和兴趣感；在利用理念上，采用自主、合作、探究方式，利用效率较高。

（5）内容质量评价。主要指教学目标是否是新课标规定的内容要求，而且是否超出课程标准。如果教学目标正好符合课标内容要求，则说明教学目标质量较高。

二、课前与课后结合：自我评价与反思

据黄大权研究，教师在课后写教学反思，应以教学目标为标准来审视整个教学过程。

1. 填写反思型表格,使教学过程和教学目标可视化、透明化

表17是教学自我反思表格。表中项目有教学环节、教学目标、教师教学活动预设、学生学习活动预设、教学达标评价要点。其中前三项在课前书写,最后一项在课后反思时书写。教学环节、教学目标、教师预设的教学活动、预设的学生学习活动一一填写,便于课后逐项对照学生学习的结果是否达成相应的目标。

表17 新课标"可持续发展"教学反思表

教学环节	教学目标	教师教学活动预设	学生学习活动预设	教学达标评价要点
合作活动:分析案例	分析生态农业案例,说明可持续发展的意义,感受人地关系和谐思想	(1) 出示问题链:①据案例说明什么是生态农业;② 分析说明发展生态农业有什么重要意义。 (2) 点评学生发言。 (3) 引导概括总结	(1) 自读案例,思考问题。 (2) 小组讨论,得出结论。 (3) 归纳总结	(1) 学生没有真正理解案例中的生态农业循环利用的图示,所以不能全面、正确地说出生态农业的概念和意义,需要给学生阅读图示、思考和讨论的时间; (2) 虽然有的学生能分析发展生态农业的意义,但不能体会其中的人地关系和谐思想,必须由教师就事随时点拨
探究活动:可持续发展的主要途径	略			

2. 围绕教学目标撰写教学反思

课后,教师在填写表格最右边一栏"教学达标评价要点"时,要根据学生在课堂上实际的学习效果是否达成左边第二栏对应的教学目标。如果两者相合,则预设的教与学活动较成功;如果不相合,则反思如何改进教与学的活动。

教学反思记录的内容主要有:记录教师在课堂上如何灵活调整预设的教与学活动,使之与教学目标匹配;课堂上落实预设活动和随时生成的活动时,思考哪些活动脱离了教学目标,今后应该如何避免;预设的教与学活动同实际教与学生成的活动有何差异;当观察到教与学活动不符合教学目标时,也要思考教学目标设计是否科学合理;总结成功与失败之处,并分析根源等等。以此为教师积累丰富的教学实践经验和教学智慧,提高课堂调控能力。

教师据实将各项填写在表格中,使反思真实客观、清晰可见、有理有据,避免出现"我感觉""我以为"等不合实情的主观感觉判断,使反思由感性判断走向理性评价,最终提出的改进措施更能提高教师的教学能力。

三、课后：目标“复盘”

在集体教研评课中，可以采用“复盘式”评课法，类似围棋比赛后棋手重摆棋盘还原走法相互切磋（称为“复盘”）的方式，将课堂教学的各个环节（如导入、活动、反馈、小结等）或相关要素（如教学目标、教学内容、教学活动、教学方法、教学语言、板书设计、教学效果等）一一呈现出来，让执教者与评课者对其优劣得失展开针对性的剖析品评。这是提高教师教学水平的一个很重要的手段。

（一）“复盘式”评课与传统评课的区别

1. 评课依据不同

传统评课，评课者多依自我经验与个人感觉自说自话，对同样一个环节，各人看法不同，甚至相反。而“复盘式”评课只评价课堂事实。通过重现课堂实况，将教学目标、教师教学活动、学生学习活动、教学效果紧密相联。它的“复盘”表如同简洁明了的教学鸟瞰图，执教者的课堂设计优劣一目了然，避免了传统评课的随意性。

2. 评课的重点不同

传统评课大多关注执教者的教学流程（如教学环节、教学手段、教学设计等）各有何特点，而忽视教学目标的落实，很少关注学生学习的主体性。而“复盘式”评课着重评价教学目标是否符合课标、切合教材、适应学生，教学各环节是否对应目标，是否以学生学习为核心设计教学活动。

（二）“复盘式”评课的具体操作流程

1. 填写“复盘表”，还原上课事实和过程

课后在评课会上，执教人为主讲人，在黑板上列出一个表格，写出课堂上完成四大项目的事实：学习目标、学习内容、学习活动和学习效果，并接受评课教师的追问。表18为本人在上完公开课后，在评课会上所整理的“复盘表”。“复盘表”使课堂教与学活动的过程更加细致、清楚地展现出来，那些平时被忽视的地方也异常醒目。表中的四个项目均以学生的“学”为主题，“复盘式”评课以学生为主体。

表18　评课“复盘表”

一、课堂出示的学习目标	二、实际学习内容	三、实际安排的学习活动	四、实际学会了什么（学习效果）
1. 读图认识地球圈层结构； 2. 读图了解岩石圈的范围； 3. 了解岩石的成因分类； 4. 读图理解三类岩石的成因； 5. 读图理解岩石圈的物质循环过程	1. 三类岩石成因； 2. 岩石圈物质循环过程； 3. 三大类岩石的具体分类； 4. 沉积岩和两类岩浆岩的特征	1. 读岩石圈结构图； 2. 读书； 3. 读岩石形成过程图； 4. 读岩石圈物质循环过程图	1. 填出岩石圈范围； 2. 判断岩石成因； 3. 理解专业术语； 4. 叙述岩石圈物质循环过程

2. 对应连线，重审课堂

填好表格后，执教人和现场教师共同连线相应项目：先将学习内容和学习目标对应，再将学习活动和学习内容对应，最后将学生学习效果与学习活动对应，后面各项都要与学习目标呼应，无法对应的不连。

在这幅连线图（岩石圈结构图）上，各项不仅联系密切，而且目标更加明确、具体，过程更加清晰、简练，主要任务更加凸显。也能明显看到很多教学活动是无效的！如学习目标第1项与后面各项就不对应；学习内容中的“两类岩浆岩的特征”在学习目标、学习活动中都没有；而后面的学习活动涉及的“沉积岩特征”在学习目标中是空白的；三大类岩石成因没有相应的学习活动等等。

3. 追问和辩论，重构课堂

执教人接受现场教师和专家的追问。本人主要被问的问题是：

（1）制订学习目标的依据是什么？

在现场教师的讨论中，学习目标制订依据不应该抄自教学用书和课标，而应该是课标、教材内容和学情三者的融合内容。据此提出三点修改目标的建议：① 有的教学内容在学习目标中没有设计，如沉积岩特征和三大岩石具体分类；② 有的目标不明确，如岩石成因；③ 有的目标不属本节，如地球圈层结构。因此，学习目标的正确度与合适度对学生学习过程和学习效果有决定作用，具体而明确的目标有利于后面各个项目的设计。

这一步主要审查学习目标制订是否科学合理，然后再反思学习内容、学习活动等是否与目标存在必然联系，将多余活动去除，从而避免教师“为写目标而写目标”。

（2）教学内容如何取舍？有些评课者继续追问：设计另外一点教学内容是为了达到什么教学目标？为此又需要安排哪些学习活动，是否都紧扣目标？哪些应该简化，哪些应强化？你认为是否达到了效果？……

主评人总结道：我们看看连线内容，布满了整个黑板，这说明我们什么都想教给学生，不精练。一些内容仅仅是简单地说一说，比如三大岩石的分类，效果不显著。当一节课面面俱到时，学生肯定学不透。因此，课堂教学做“减法”最重要，精简思路，集聚精力，主攻重难点。如果让你重来一遍，你可以优化哪些教学环节？

这时本人果断地擦去地球的圈层结构；加上必需的学习活动，如在岩石成因图中要求学生填写地质作用名称，指图说明岩石圈的物质循环过程，判断哪些岩石属于沉积岩等等。

4. 学习效果评价

专家们在课前让学生读书25分钟后做几个题目，称为“前测”；在课后又进行了一次测验，称为“后测”。后测题比前测题只多了一题：“你从这节课中学会了什么？”其他题都一样。前测和后测共同的题目是：① 岩石圈的范围是指________。② 岩石按成因分为________。③ 请写出三大类岩石的成因。④ 沉积岩有哪些特征？⑤ 请写出岩石圈的物质循环过程。

评课时,主评人早已把前后测的数据写在了前面的黑板上,如表 19 所示。

表 19 前后测正确率统计

项目	岩石圈范围	岩石分类	岩石成因	岩石圈物质循环过程	沉积岩特征
前测正确率(%)	94.1	93.8	30.9	53.4	10.7
后测正确率(%)	94.5	94.2	89.1	96.6	63.6

主评人总结道:有的内容不需教师讲,学生也会;有的内容必须由教师讲,学生才能会。所以评课后,我们就知道六处应该教:重难点,方法和技能,学生的疑问,学生不理解的,学生知识缺陷和易混易错的地方。五处不教:学生一看就懂的,限于学生能力难以学会的,学生不预习的,学生没有疑问的,学生说不出疑问的。

本人总结道:由这个统计表可知,教材上的基础知识,如岩石圈范围和岩石分类,前后测正确率变化小且都较高,说明学生完全可以自己看会,不需教师讲解。而岩石成因和物质循环过程,后测表明少数学生不会,需要教师启发,但应以学生的自我感悟为主,然后再组织他们进行合作学习。“沉积岩特征”前后测正确率都低,说明是难点内容,课堂上应集中攻克它。同时也说明本人在课堂上没有引导到位或者学生合作学习不够或其活动不充分或问题设计不科学等。三大类岩石成因不应由教师总结,而应由学生列表比较;表中右面三项内容正确率没有达到 100%,说明刚学完后,很多学生对各岩石名称、成因等涉及的地理术语没有较深的印象,需要在课堂上给予一定的朗读记忆的时间。

由此看来,仅靠一个人的力量是上不出好课的,必须借助团体智慧,精准把握教学目标和重难点。

第三章　素养目标情境化:情境教学理念“落地”课堂

第一节　情境教学与传统认知教学误区

学生在具体的场景中,其学习过程就是在身、心与情境持续交互下,通过体知、体悟作用而发生的体验性学习。“即身而道在”,这是生成深度学习的条件。采取实际场景的主题教学往往效果较好。

一、情境教学

情境原意指“境地,情况”。2017 年版 2020 年修订的高中地理课标在“前言”中说:“……使课程内容情境化,促进学科核心素养的落实。”显然,新课标中的“情境”主要是指学生学习某一地理内容所在的时空场景。所谓图文并茂即为情境。真实情境往往较复杂,现实情境往往时代感较强。

现代心理学认为,思维源自问题。问题于情境中被发现、被生成,也在情境中被理解和被解决。认知理论认为,凡是脱离情境的问题都没有思维的可能性。

学习目标用语主要是由两部分构成:学习情境和学习目的。先叙述学习情境,后叙述学习目的(学什么和做什么)。学习情境与学习目的是互为因果的关系,设定了学习情境,就有对应的学习目的。因此,学习目标制订后,接着就是为了达成学习目标,必须先设定学习情境。

情境的合理设计,需要以下两个过程。

一是据核心素养目标选准核心内容。在设计情境前,必须根据学习目标的要求,选准所教一课或一节的核心内容。核心内容不仅指重难点内容,还可以是重要的原理图示、技能、思维等。如“热力环流”一课的核心内容是热力环流概念、原理图判读、形成过程、成因等。

二是根据核心内容设计对应的情境,使情境与学习内容的主题吻合。一般每项核心内容可以预设一个合适的情境,还要考虑课标、教材、学情等相关要求。有时需要将各项情境进行整合,“合并”为一个大的连续的情境或案例,设计能反映一个个核心内容的系列情境串。

如“热力环流”一节各项核心内容对应的情境串如表20所示。

表20　“热力环流”情境串

“热力环流”课堂教学的核心内容	相应情境
热力环流的概念	日常生活现象，如调节热气球下方的火焰大小，可以升降热气球
热力环流的形成过程	热力环流实验情境；多媒体演示热力环流动画
热力环流的成因	海陆风、城市风、山谷风现象
热力环流原理图判读	在热力环流原理图中，增加直观、定量信息，如立体等压面、气压具体数据、添加圆点表示空气分子的密度、下垫面为海陆或城郊等

新课标与旧课标第一大不同，就是特别强调情境教学，地理情境就是名符其实的“地气”；而旧课标则没有这方面明确、具体的要求。

2019年7月8日，在江苏人民教育家培养对象的培训会上，南京紫金山天文台首席天文学家赵海斌在回答培养对象有关教育理念时认为，带领学生参加实践活动，在实践活动中可以培养学生对某一领域的学习兴趣。2017年6月在中国科技大学优秀生毕业典礼上，时任副校长、世界著名量子科学家潘建伟对毕业生谆谆教导说，对所学专业有强烈的兴趣是事业成功的第一条件。要想培养学生的学习兴趣，应该为学生创设情境，包括提供学生感兴趣的生活情境、生产情境、身边情境、乡土情境、校园情境等，当然还要重视实践活动的情境。学生在思考情境、观察周围情境、探索情境等过程中，逐渐养成地理的关键能力与必备品格。

本人是最早总结高考题的情境设计规律的。曾在2009年写过一篇评论高考试题的论文《地理高考命题的多元化特征分析》，当时在核心期刊陕西师大《中学地理教学参考》杂志连载。后来被南师大教授、国家教学成果一等奖获得者朱雪梅女士主编的《新课改背景下中学地理教育发展报告》一书收录。她谈起这篇论文入选的主要原因是“对试题情境总结得好”。

二、传统认知教学误区

传统认知教学误区是：先掌握抽象结论，再分析真实情境，违背学生认知规律。这就是地理教材编写的教学误区。

高中地理教材往往先建立一个理想的、抽象的地理模式图，以模式图教学为中心，让学生首先弄懂弄透地理模式图，从抽象模式图中总结出抽象的地理概念、原理和规律，然后分析实际现象，这违背人类认知规律。比如，教材对洋流内容的具体叙述过程是：先叙述抽象的洋流概念和分类，然后再比较抽象的洋流模式图与风带分布模式图，分析洋流的成因和洋流分布规律，最后才能联系真实的世界洋流分布图，分析洋流对环境的影响。学生开始学习之所以感觉较难，就是因为先接触抽象的洋流模式图，没有感性和经验支撑。

我们平时基本上都按教材这个思路来组织教学。先从抽象的洋流模式图开始教学，学生学习难度较大。学生学起来，只能死记硬背结论，然后分析真实情境时再套用结论。如图 5 所示。

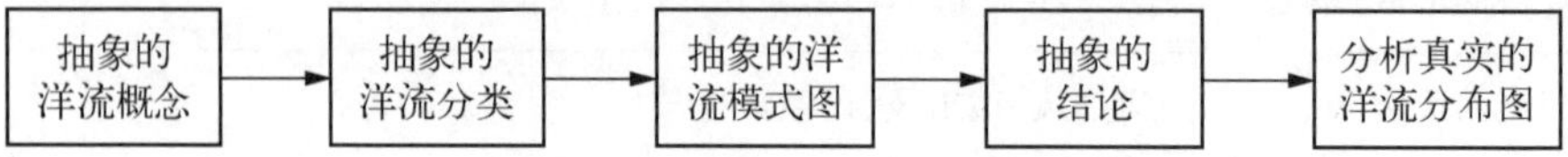

图 5　教材有关洋流一节的叙述逻辑顺序

第二节　新课标情境教学理念

一、高中地理新课标对情境教学的重视程度

不同于以前的课标和教学大纲，新课标非常重视情境教学。主要表现在：

1. 反复提出情境教学要求

新课标在前言、基本理念、学科核心素养、课程目标、学业质量、地理学科核心素养水平划分等内容中，都强调地理情境在教学中的重要性，而在课程内容、教学与评价建议中，更是大篇幅地、细致地提出情境教学要求。

2. "情境"出现频率较高

经过统计，在新课标中，有两种表达"情境"的方式：有的直接出现"情境"一词，包括六类：真实情境、模拟情境、情境、教学情境、问题情境、学习情境，共有 70 处；有的语句本意就是"情境"，但不明说为"情境"（下文称为"隐性情境"），共有 33 处，如"情景资源""真实问题""简单地理事象""复杂地理事象"，等等。两种方式分别约为总数的三分之二和三分之一。如表 21 和表 22 所示。

表 21　新课标中各类"情境"和"隐性情境"的数量统计

含有或隐含"情境"的名词	真实情境	模拟情境	只有"情境"两字	隐含"情境"的词语	教学情境	问题情境	学习情境	合计
在新课标中出现的数量	10	17	35	33	1	5	2	103
占总量的百分比(%)	9.7	16.5	34	32.04	0.97	4.85	1.94	100

表 22　新课标中部分“隐性情境”

在新课标中的出处	内容	隐性情境
必修地理 1“教学提示”	充分利用……周边自然与社会资源支持教学	自然与社会资源
必修地理 2“教学提示”	联系生活实际	生活实际
选择性必修 2 区域发展“教学提示”	① 通过典型的或身边的案例,让学生了解区域及其发展的多样性。② 依据调查资料,探究区域部分与整体、区域动态变化等地理问题	典型的或身边的案例、调查资料
选修 4 环境保护“教学提示”	鼓励学生主动探究身边的环境问题	身边的环境问题
学业质量水平	① 能够辨识日常生活区域的某些自然地理要素特征。② 结合现实中的自然环境问题,能够从人地关系系统的角度,分析自然环境对人类活动的影响和作用	日常生活区域、现实中的自然环境问题
教材编写建议	在选择具体的地理学习内容时,还应注意联系学生熟悉的地理事物、现象和问题	熟悉的地理事物、现象和问题

3. 问题情境被列为学业质量标准之首

新课标的“学业质量内涵”中提及,“高中地理学业质量标准从问题情境、知识和技能、思维方式、实践活动和价值观念等维度进行描述”,“问题情境”位于学业质量标准各维度之首,是以前课标和教学大纲所没有的要求。

4. 情境教学最重要

“教学与评价建议”的前三项为教学建议,全部是情境教学要求:第一项的“重视问题式教学”实质是问题情境教学设计,第二项的“加强地理实践”实质是在真实情境中的实践活动教学,第三项的“深化地理信息技术应用”实质是“模拟情境”教学方式。

5. 重视设计试题情境

在“学业水平考试命题建议”中,专列“试题情境”一项,对其分类、设计要求和测试标准都作了详细阐述。

二、新课标对地理情境的分类

新课标提到三类情境:真实情境、模拟情境和给定情境。这些情境需要地理教师根据不同的教学目标、教学内容和教学条件精心设定。

1. 真实情境

新课标中的真实情境，有时称真实环境、真实世界、现实情境等。“在室内、野外和社会的真实环境下，通过考察、实验、调查等方式获取地理信息，探索和尝试解决实际问题”，“在自然、社会等真实情境中开展丰富多样的地理实践活动”。这些叙述表明，开展地理实践活动就是在真实情境中进行的，包括社会调查、野外观察、实验、采集标本等。

真实情境中的实践活动有非同一般的效果。实践性情境就是真实情境。在开展地理实践活动时，学生处在真实的地理情境中，与真实的地理事物接触，其活动的效果如新课标多处所述：(1) 引起学生情感态度和价值观变化。“在真实情境中观察和感悟地理环境及其与人类活动的关系，增强社会责任感。”“地理实践活动因其特殊性，还会在客观上强化学生与真实世界的联系，引发其感悟、欣赏、价值判断等方面的变化。”(2) 提高学生的地理实践能力。新课标要求“在户外考察活动过程中，……在需要动手操作和设计方案的时候，尽量由学生自己操作和自主设计；还可引导学生拍照、绘图(画)、录像等，培养学生获取地理信息的意识和能力。”在设计社会调查活动方面，新课标也作出类似的要求，详见新课标 37 页第一段文字内容。本人将其总结为：可以让学生参与实践活动的选题和设计方案，活动中学会独立思考、合作交流，结束还要学会撰写报告与讨论交流。学生身临其境，通过自己收集、分析、处理信息来感受、体验获取科学知识的过程。(3) 更好地建构知识关联结构。“在对真实世界的感受和体验中进一步提升理性认识，逐步建立起地理知识之间的关联。”总之，真实的情境有利于增强学生与真实世界的联系，在提高地理实践能力的同时，引发学生积极的情感体验，使他们主动合作交流和分享彼此学习心得体会，提升地理核心素养。

2. 模拟情境

由于地理真实情境较为复杂，不能凸显地理规律和原理，无法观察和体验，所以通常以真实地理情境为基础，建立理论模型情境，以显著呈现相关地理分布规律、特点等，这就是地理模式图，如洋流模式图、热力环流图、全球气候和自然带分布模式图等。因此，模拟情境是专为学生学习地理理论而设计的。

有些情境是“真实的自然地理过程很难观察到”的，或者没有条件进行真实情境下的教学，这种情况下，教师尽可能设计模拟真实情境的情境，以达到与真实情境教学类似的效果。新课标提到的模拟情境有模拟教学情境、模拟实验、计算机模拟、模拟学习、虚拟现实技术、生活模拟、历史模拟、角色模拟等，现主要阐述以下几种模拟情境。

(1) 模拟教学情境。新课标多处要求创设模拟情境。如选择性必修 3“资源、环境与国家安全”的“教学提示”是：“创设多种教学情境，诸如资源短缺、环境恶化的模拟情境，调查家乡的资源、环境问题。”选修 2 海洋地理的“教学提示”是：“尽可能在海洋自然环境或与海洋事件有关的真实情境下教学，或者在假设性和模拟性的海洋环境下进行教学。”选修 3 自然灾害与防治的“教学提示”是“创设假设性自然灾害情境，引导学生综合分析自然灾害的成因与特征”“创设自然灾害危害的模拟性情境，引导学生树立科学的灾害观与减灾意识”。模拟真实的情境可以唤起学生求知和探究欲望，并在小组合作学习中，能够突破问题情境完成对知识的意义建构。

（2）模拟实验。“设计模拟实验活动，要引导学生经历相对完整、规范的科学研究过程。从实验方案设计到实验过程的观察、记录、操作实施、数据处理分析，最后撰写实验报告和汇报交流，培养动手实践能力及求真求实的科学态度。”由此可见，模拟实验可以培养学生的三种能力：实验方案的设计、实际操作和报告撰写能力；实验的观察、统计、分析和归纳能力；实验结果的交流能力。

（3）计算机模拟。大尺度空间和一些地理事物漫长时间的演化过程，如全球气压带风带分布和移动规律，学生不易观察；一些较为抽象的地理内容，如热力环流，学生不易理解。这时可以用计算机模拟软件再现它们的运动过程，使之可视、形象、直观、生动。新课标在“深化信息技术应用”的教学建议中，提倡教师利用计算机模拟软件模拟水循环、河流侵蚀等自然地理过程，利用实时的天气云图和风场图引导学生感知和理解真实的大气状况，以及模拟解决城市问题、选择工农业区位等人文地理学习的活动。计算机软件的优势在于“可以应用大数据提供复杂的情境和多样化的选择，并能及时反馈，使得地理模拟决策学习更接近真实世界，为学生提供接受式学习之外的补充学习方式”。

（4）虚拟现实技术。新课标虽然强调“虚拟现实技术可以提供近似真实的环境，为不能外出的学生提供地理实践的替代性体验”；但也指出其缺憾：“无法完全代替真实环境下的实践活动。”

（5）角色模拟。新课标提出“借助历史模拟、生活模拟等多样化的活动情境，让学生在角色扮演以及对社会的体验和观察中，完成对重点知识的理解，提升地理学科核心素养”。

3. 给定情境

指教师提供的情境，包括给定简单的情境、复杂的情境等。这些情境可以是真实的地理素材，也可以是假设性的情境，由教师根据教学目的、教学内容和学生实际灵活选取和设计。给定情境中的地理信息多种多样，可以有图示、文字、表格、视频、照片、仿真模型等。如新课标所举实例是探究真实问题“浙江青田县稻田养鱼为何持续至今”，所给定的情境是：文字介绍稻田养鱼的真实情境，以及当地人们的生活方式等。然后据此设计问题链条

模拟情境与给定情境，可以供室内教学使用；真实情境一般是户外的世界。无论哪种情境，都需要地理教师事前做好充分准备，户外活动全过程还要求学生参与设计、亲身体验和汇报交流。

三、新课标对地理情境设计的要求

联系学生经验，优先设计问答题。联系学生经验，就是选取学生熟悉的情境。目的是使学生能够快速理解情境。新课标在“学业水平考试命题建议”的“具体任务设计举例”

中,“对情境是否熟悉”重复了四次。因此,情境要与学生已有的知识经验相联系,“贴近学生知识水平、生活实际和社会现实”,有利于激发学生的学习兴趣和积极性。同时情境要联系地理思维,使学生在了解情境的同时,经历着地理思维提升的过程。

【例】一次练习课上,学生的练习册上有一道填空题:交通运输就是运用交通工具使____和____发生位移。这道填空题是非常简单的,可不少学生当堂问:“课本上和辅导资料上都没有这句话,这道填空题应该怎么填?”我问道:“你们是坐汽车来上学的吧?带没带行李?”学生猛然知道了这个填空题的答案是:运用交通工具使人和物发生位移。

做这么简单的填空题,学生竟然要翻阅课本和辅导资料,上面没有就不会填。学生平时死记硬背课本结论,做题时动不动就翻课本,课本上没有的内容,学生就不知道答什么了。而本人所问的问题,是将填空题变成很平常的问答题,并且与学生经验联系起来,学生一下就知道结论了。

设计填空题目的就是为了掌握课本结论中的关键词,或者让学生死记硬背某些关键结论,学生一看见填空题就条件反射地想到课本上是否有这样的结论,而不去联系经验动脑思考。这种经常、反复、持续的训练方式,使学生养成了不良的学习习惯。

所以,把填空题变为问答题,并且前面加上提示语或情境性语言,如联系学生的某一生活方面、什么经历、平时见过的什么现象、学过的某部分知识等等,这样学生思考时就能联结自己哪方面经验或学过的什么内容,思考的方向非常明确。

为什么问答题比填空题要好?因为问答题可以发展学生的思维能力。新课标提倡用思维结构评价方法评价学生,因为“思维结构评价方法对改善日常教学也有意义”,可以使学生完整认识地理问题,而填空题和选择题容易使地理内容非常零散。

利用情境引发疑问,激起学生的认知冲突。提出问题比解决问题更重要。因此,依据情境所设计的问题,要能引起学生心理上的悬念和认知“失衡”,激发学生探究的兴趣。这就要求设计的问题要符合学生最近发展区,建立在新旧知识的结合点上,深度稍高于学生原有知识经验水平,有一定的思维含量,使学生需要经过努力思考才能解决,搭建促进学生由感到悟的认知桥梁。比如,教师可以根据美国大型零售超市分布图提出一个问题:为何美国大型超市主要分布在郊区?而学生常见到的是中国大型零售超市很多都分布在城区。再如,呈现一幅学生见过的城市景观图,这些都是生活经验或旧知识,再向学生提出问题:你能发现图中有哪些问题吗?这就故意制造了认识上的冲突,逐渐被引到人地关系主题上来。这种认知上的冲突会激起学生探究和思考的热情,促使学生努力探求结论。

设计近身情境,激发学生学习兴趣。国际学生评估项目(PISA)按照与学生生活的距离,将情境由近及远分为个人、社会、职业和科学四类。显然,个人和社会情境离学生生活较近,应优先设计。

离学生个人较近的情境受学生关注度最高,称为近身情境,它包括时间近身、空间近身和活动近身。优先选择现实热点、校园、乡土案例、周围实践活动场景，能引发学生主动参与探究的意识、深入解决问题的愿望，培养家国情怀和社会责任感。如开发乡土地理课程资源，将教学内容乡土化，选择本地某地作为具体探究水土流失的区域，引导学生分析其中的人地关系，并提出生态整治的相应措施。

创设有深度学习的情境，培养学生的地理思维能力。深度学习既要求学生理解概念、原理等，还要求学生对情境问题有一定的分析、评价、迁移运用能力。

第三节　完整情境教学落地的过程

学生素养从情境中来，再回到情境中去。前者是从情境化到去情境化的教学过程，后者则是再情境化教学过程。因此，情境教学的完整过程由三部分构成——情境化、去情境化和再情境化。

一、“情境化”教学

学起于思，思源于疑，疑发于境。知识融于具体情境中，来源于情境，带有情境性，不能离开情境而孤立、抽象存在，且能够被感知到。因此教学中先创设情境，还原知识发生时的情境，帮助学生形成感性认识，理解知识发生的过程和根源，激发学生学习兴趣，主要目的是帮助学生建构有意义的知识体系。

模拟现实场景的情境场是学科问题创生的场域。情境认知学说认为，将学生置于知识发生的特殊情境里，通过参与具体情境中的活动来萌发问题、建构有意义的知识体系和解决问题。学生地理思维能力和学科素养的孕育，都离不开情境场。如向学生展现太平洋具体洋流的图文情境，包括分布、属性、特点等文字材料，以及分布图示等，学生了解后能增加对太平洋各洋流的感性认识。

二、“去情境化”教学

“去情境化”的教学过程是从具体情境中剥离出概括性、抽象性的知识，实现从感性到理性认识的跨越。教学的主要任务是运用恰当的策略，引导学生提出问题、解决问题，帮助学生获得一般化的知识、剥离的科学方法和思维，构建丰富、系统的知识体系。“去情境化”是从形象到抽象的思维发展，是思维的最高进阶。比如，从太平洋洋流分布图上，经过综合分析各洋流的位置、流向等，从中抽象出洋流模式图，成为各大洋洋流分布的一般性规律图示。

“去情境化”的教学程序是：(1) 分析、比较。对不同地理事物进行比较分析、综合分析，找出共同点和差异点。(2) 抽象、概括。指导学生从情境中的具体地理事物里抽象和概括出概念、知识、方法、原理、规律。抽象是指抽取事物本质属性的思维方法，概括是把各个事物抽象的本质特点连接起来，归纳出同类事物共性的思维方法。(3) 猜想与验证。学生从情境中得到的仅是经验性知识，必须经过“去情境化”学习，在合理猜想和假设并验证假设过程中，从经验层面上升到理论层面，完成地理理论的创立过程。

三、“再情境化”教学

“再情境化”教学过程是：再次设计与教学初始运用的结构化情境相似的真实新情境，即原始情境，然后指导学生运用“去情境化”所获得的知识和能力，解决新的真实的问题，并学会解决具体问题的经验和策略。因此，“再情境化”是提高学生学习迁移应用能力的有效途径。

“再情境化”中的原始情境是指未被抽象加工的客观地理事实，情境真实、真切，但结构不良、复杂、开放，文字描述为主，没有提供为解决问题所需要的定量和定性信息，没有被主观加工过，没有图示信息，思维难度大。

比如，学完洋流分布规律后，可以引入媒体报道的真实事件：某艘油轮在海面上失事，造成大量原油倾泻到海里。然后让学生运用洋流分布规律分析原油顺着洋流漂流的路线、经过的海域，并提出防止海洋石油污染的措施。把真实事件作为原始情境，考查学生分析和解决真实问题的能力。

四、三类情境教学间的关系

“情境化”教学与“再情境化”教学的主要区别有：(1) 情境的综合性不同。“情境化”的情境是结构化情境，一般较简单；而“再情境化”的情境则是原始情境，综合性、复杂性较高，设计目的是为了培养较高的解决问题的能力。(2) 生活情境创设的目的不同。“情境化”的生活情境主要为了激起学生疑问和兴趣，而“再情境化”的生活情境则是用来解释生活问题和锻炼运用知识解决问题的能力。(3) 实验情境不同。“情境化”的实验主要是演示实验，而“再情境化”的实验是学生自主设计实验方案、自主操作和自主反思。

三部分情境教学是相互联系的。黑格尔认为，概念的形成和思维的发展过程，经历从具体到抽象，又从抽象到具体的过程。从“情境化”到“去情境化”，是从结构情境中抽象出基础知识、规律、原理和思维的过程；“再情境化”则是将前面抽象出来的内容应用于具体、真实的原始情境中，目的是为了解决实践问题。三者之间的关系见图 6。

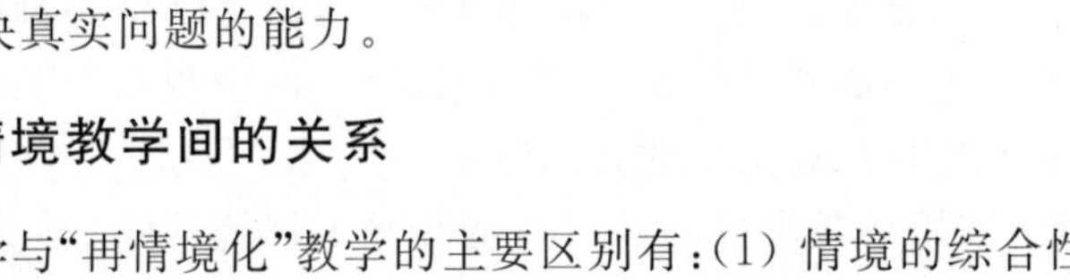

图 6　三类情境教学间的关系

第四节　地理真实情境的创设

一、近身空间情境:充分运用学校地理课程资源

学生地理时空思维是从认识身边的时空变化开始培养的。学生长期生活和学习在学校里,非常熟知这里的一切,能亲手触摸、耳闻目睹,多种感官参与能够得到全方位的信息刺激,可以从三维角度“看”得真实、真切,从而真正、直接地感受到它们的时空存在和变化。这是多媒体教学和纸上图文所无法做到的。

本文所指的学校地理课程资源主要是指学生身边常见的教室、校园、座位、宿舍、学习用品、教师等,它们一直被地理教学所忽略和轻视。如果地理教学充分利用它们创设教学情境,地理原理可以变抽象为形象,变平面为立体,活生生地从书本“走到”学生面前,有助于学生的地理时间和空间观念、感觉和想象力的建立。这也符合高中地理课标的要求:“地理课程资源是实现高中地理课程目标的重要保障,学校应该高度重视校内外地理课程资源的开发。”

地理教学中,存在“想不到找”“找不到”或“不会用”学校地理课程资源的现象。一般认为,开发与利用学校地理课程资源的最重要途径是:观察我们周围的空间、现实情况和事物变化,思考哪些事物与地理内容紧密相关和相符,然后结合学生学情和地理教学的重难点,设计某种教学方式以充分利用这些资源。

在平常地理教学中,有些开发利用学校地理课程资源的成功实例,比较适合广大农村学校,可以补充学校地理课程资源库。

(一) 教室资源

教室的空间、黑板、座位编排、过道、配套设施(吊扇、电灯或日光灯、电视机、投影仪等)、房屋结构(如天花板、横梁、门窗、四面墙壁等)等都可以代替地理事物,展开师生地理活动,形象、直观地演示地理事物的空间分布和时间变化。因黑板常被教师使用,下文举例不含在内。

1. 地理方向的判定

如:(1) 钟表方向演示。教室里悬挂的钟表可以演示顺时针方向和逆时针方向;将教室里某一悬挂物(如电扇)当作某时刻的太阳,把钟表的时针对准它,可以演示野外迷路时如何判断此时的正南方向。(2) 反气旋和风向判定。教室里的吊扇旋转可以演示反气旋空气垂直运动(下降)与水平运动的方向(从中心流向四周);分别从吊扇下方和上方看其旋转方向,可以让学生理解从北极上空和南极上空俯视地球自转不同的方向;台扇可演示大气水平运动方向(风向)。(3) 洋流流向判定。教师或学生分别以顺时针和逆时针方向绕教室里两个过道走一圈,让学生判断是哪个半球的洋流(包含北印度洋

冬夏季的洋流)。(4) 感知八个方向。要求学生在教室里找出地理八个方向,有利于解决教学中涉及的地理方向的判定(如地图方向、风向、地转偏向等)。

2. 地理位置和分布判断

如:(1) 学生座位布局能表示自然带的分布。全班学生的座位分成中间、两边三个方阵,分别表示内陆和大陆东西部,要求学生指出各气候区自然带所在的学生姓名。(2) 经纬度和时区定位。座位的横排和纵排相当于纬线和经线,据各座位的编号说明各座位的坐标;将各排座位标注成不同时区,规定某一排座位为日界线,当某一位学生穿越不同"时区"和"日界线"时,教师要求全班学生说出时间和日期变化。(3) 气压带风带分布判断。教室一般有三间,以两条横梁相隔,所以可把两条横梁分别作为30°、60°纬线,前后墙壁分别作为0°、90°纬线,然后要求学生说明各气压带和风带的分布。

3. 地理成因分析

如:(1) 教室"温室效应"分析。太阳光能透进教室窗户玻璃,但教室内热量很难散出去;教室里学生多,排热多,呼出二氧化碳多,形成"温室效应"。因此教室冬季温暖如春而夏季热得难受。(2) 教室"热力环流"原理分析。教室制暖大空调为落地立式的,暖气片安装在墙壁下部,而壁挂式制冷空调则安装在墙壁上方,符合热力环流原理。(3) 降水成因分析。秋冬季节,要求学生解释教室窗户玻璃上霜、露的成因。

4. 地理时空变化演示

如:(1) 时间变化演示。按教室东西位置不同,可以演示地方时、北京时间、伦敦时间的早晚。比如在教室里,一名学生作为太阳,从教室东端向西端移动,当到达每个学生坐着的地方正南方时为当地12点,此时其他学生坐着的地方时间则有早有晚,使学生体验东早西晚的时间差异。(2) 地球自转周期演示。以教室里某一物体(如电灯、电扇、钟表等)、教室外遥远物体(如学校所在地区的标志性建筑)分别当作太阳和恒星(作为参照物),来演示太阳日和恒星日的区别。(3) 太阳视运动和光照面积判定。四季太阳光透过教室窗户和门照进教室的面积变化,四季日出日落方位的判定(夏季日出东北,日落西北,阳光此时刻均从北面窗户照进教室;冬季日出东南,日落西南,阳光均从南面照进教室)。(4) 地球公转运动演示。教室中心坐一个人(身着红衣服)表示太阳,另一个人抱着地球仪绕着他走一圈;或者开启南北不同位置日光灯,表示太阳直射南北半球不同纬度位置;也可以用头顶移动的手电筒作为光源,判断光线照在地面上的明亮程度、南北半球不同季节、正午太阳高度等。

5. 地理学习环境创设

如在教室墙壁上贴上世界地图、中国地图;学生课桌面上铺上地图和地理示意图,并随学习进度而变换,方便学生读图学习。

6. 教室污染治理

如打扫教室卫生时,如何确保教室内尘土不飞扬(先洒水后扫地),如何使教室经常通风(特别是在寒冷的冬天),患感冒的学生如何采取措施不传染给他人,随地吐痰怎么办,同学之间说话多大声音会形成噪声污染。

7. 教室能源、水源节约

如日常应该养成什么样的习惯可以节约用电、节约用水(饮用水)等。

(二)校园资源

校园宏大的空间、校园植被、校园设施(雕塑、马路、水沟、旗杆、管道等)、校园山水、建筑物、校园服务设施(如商店、收发室等)、校园网络和电话、校园各部分布局等,可以分别代表不同的地理事物,在师生地理活动中,能够具体生动地呈现地理事物的时空变化规律。以下是利用校园资源的常见方式。

1. 校园观测

如:(1)校园气象观测。有的地方气象局(站)会在安全的校园里安置气象和天气观测设备,教师可带领学生认识观测风向、风速、气温和湿度的仪器与用作电力的太阳能电池板;解释校园内雾、霜、露的成因。(2)地理园观测。有的学校在校园内建设地理园,内有星空亭、地貌和地质构造模型、中国和世界立体地形模型、中国和世界政区图、日晷仪、经纬网地球仪等,便于学生的地理观测活动。(3)校园岩石和地貌观察。如果校园有天然小山、河流、平地等,可让学生观察校园地貌(如山脊、山峰、鞍部、悬崖、山谷等)、等高线,观察河流流量和补给及其汛期的时间变化等。许多学校都有体现校园文化的“校园石”,学生通过观察、触碰校园内这些岩石,可以感受其物理特性,它们是具体生动的教学标本。(4)星空观测。晴朗夜晚带领学生去室外空旷地带(如学校操场)认识星座、月球和重要天体。

2. 校园实验

如水土流失实验:在校园假山上平缓的地方和陡峭的地方各放一堆等量的土,下雨后观察两地土堆量的变化,并与假山上长草的地方比较,可知坡度和植被对水土流失的影响。

3. 校园地理事物分布判断

如:(1)分析校园事物分布和规划。校园工厂(假设在校园中某个位置设立某类工厂)、蔬菜和花园等(代表农业)、学校功能区(相当于城市功能区,如教学区、住宿区、商业区、饮食区、风景区等)的区位(布局)或分布。(2)搭建大气环流模型。在校园里的空地上,用粉笔画出大幅地球经纬网图,在上面对应位置摆出七个气压带和六个风带(用多个纸箱搭建,上面画箭头表示空气运动方向)。

4. 校园地理时空变化演示

如理解有关地球运动地理意义的知识:计算校园东西两端地方时差异(以太阳位于校园正南方为12点),理解学校作息时间早晚与东西地方时早晚的区别;旗杆影子长度和朝向的日变化和年变化、正午太阳高度计算、经纬度测量、南北楼间距计算、教职工宿舍顶部安放的太阳能热水器倾角的计算、日出日落方位判断等。

5. 校园方向判别

如辨别校园八个方向，绘制校园平面地图；田径场中跑步的方向(逆时针方向和顺时针方向)。

6. 校园“遥感”

如：(1) 校园景观照片。在学校高楼上拍摄一幅全校景观图片(一般印在学校宣传册上)，可让学生在该图上辨别各建筑物，从而引申出遥感概念。(2) 校园“谷歌地球”景观判读。在“中国天地图”软件上搜索本校俯视和三维景观图，在该图上找出本校位置，辨别学校内不同位置所在的方向和各建筑物、各班教室、宿舍所在位置等。

7. 校园地理成因分析

如：(1) 校园拱形桥可用于比喻说明背斜结构稳定性、原因和意义(修隧道)。(2) 分析校园“热岛效应”。校园草地(植被)和路面(裸地)温度、湿度同一时间和昼夜比较，说明校园“热岛效应”的概念、成因、解决的措施(如校园路面经常洒水；楼顶喷上白漆，以反射阳光，减少吸热；增加校园植被和水面面积等)，同时分析植被的作用；下雨时比较校园林草地和路面下渗量和径流量，理解城市内涝的原因和解决措施。

8. 校园研究性学习活动

学校某些方面的问题可作为学生地理小课题研究的资源和素材。现举例如下：(1) 校园引水线路设计。若把校外河水引入校内，怎样确定引水线路，并评价各线路的合理性，注意什么问题(与跨流域调水、人类活动对地表径流的影响等内容有关)。(2) 校园垃圾治理。比如调查统计校园垃圾种类、数量、产生时间、危害等，如何分类回收和利用校园垃圾，如何合理布局垃圾箱等，如何减少垃圾产出量，如何将垃圾运出学校，如何处理垃圾。(3) 校园绿化。校园和教室内如何合理布局花、草、树(或盆花盆草)，方能令师生赏心悦目，起到净化空气、课间放松师生紧张心情的作用。(4) 校园规划和布局。如今学校教学楼、宿舍楼、办公楼、道路、绿地、假山等布局存在什么问题，如何合理布局。(5) 学校厕所粪尿去向调查。粪尿如何被运出学校，如何被处理(如被作为化工原料或肥料)。

9. 校园区域差异描述

校园里的各种植物及挂在上面的说明牌，可以帮助学生辨别校园植物种类及所属的地区差异(自然带分布)、校园各区域景观差异(环境差异性)。

10. 校园地域联系列举

此类知识包括校园管道(水管、暖气管、煤气管道、下水道等)、校园马路、金融(校园一卡通)、校园网络(QQ 通信、微信、微博等)、校园邮政通信(收发室收发的空运、铁运、水运来的包裹、信件等)、校园电话等内容。

11. 校园流行歌曲欣赏

为了调节课堂气氛，课堂上可以引入校园广播课间播放的流行歌曲，用以分析其中蕴含的地理知识。如让学生欣赏歌曲《青藏高原》,利用其中的三句歌词“是谁带来远古的呼唤”“是谁日夜遥望着蓝天”“我看见一座座山,一座座山川,一座座山川相连”分别设计的问题是:青藏高原形成的时代、天空特别蓝的原因和其地形特征。

12. 校园水循环环节判断

在校园内的假山上和旁边的水沟里(或水面),分别用绳子系一只大大的气球,随风飘动,分别表示陆地和海洋上的云系,每条绳上分别拴着用硬质轻型塑料做成的垂直上下两个方向的箭头,分别表示陆地和海洋上的降水和蒸发环节;在假山上泼一盆水,可以看到水沿山坡流向低处和渗漏到岩石下流走,分别代表地表径流、下渗和地下径流。

(三) 学生宿舍资源

学生宿舍日常用具、设施等可代表不同的地理事物,用以演示地理变化过程。例如:

1. 地转偏向观察

如水池出口处的水在流出时呈逆时针方向转动,在雨天里进入宿舍立即按顺时针方向(从伞下观察)旋转雨伞,可见到雨水向右方甩出。

2. 脸盆的功用

如用脸盆盛水,可演示向斜储水构造;向脸盆内的水面吹气,可演示风海流和补偿流成因。

3. 床被的功用

如利用含上下铺的床,演习如何躲避地震;摆弄被子可以演示褶皱形态及背斜与向斜构造。

4. 其他设施的功用

如:宿舍里制冷空调、暖气片的安装位置,含有热力环流原理;吊扇旋转可演示反气旋运动特点。

(四) 学校食堂和商店资源

要求学生在食堂就餐时,认识米、面、蔬菜、水果等植物性食品和肉类、蛋、奶等动物性食品的来源地,描述农作物的生长条件和各类食品的加工过程,分析和思考如下内容和问题:食品来源地的农业地域类型、特点及其农业区位条件(含自然条件和社会经济条件),食品加工业和食品机械工业的区位条件,食堂燃料来源,加工食品带来的水污染、大气污染、垃圾污染及其处理措施,洗碗盘时节约用水的小技巧,等等。

看一看学校商店里各商品外包装,统计分析各商品的加工地,说明所属的工业区位类型、特点、区位及影响因素;并分析使用了哪些可能的运输工具、运输方式和可能走的运输线路,涉及哪些商业活动环节。

(五) 师生资源

1. 教师资源

教师的手势、身体、走动等身势语言,可以描述地理事物分布、成因等,组织学生进行地理活动。手指地图或示意图等是最常见的身势语言。现在多媒体教学的普及,版图少了,而学生非常欣赏教师绘制的精美的版图和版画;现在地理挂图也少了,但教师可以手绘地理空白挂图,课堂上由学生将写有图上内容的纸条贴于挂图上对应的位置,做到图文结合,这比以前的挂图还好。

2. 学生资源

各个学生及其身体不同部位代表不同的地理事物,完成分析地理因素和分布的活动。学生在活动中可以体会方法、感受过程、培养情感。例如:

(1) 分析区位因素。如分析工业区位因素的活动设计:每个学生身上贴上技术、交通、市场等各因素的标签,再设计几个学生代表高新区、传统工业区、几个指向型工业区,然后让前面的学生分别聚集在后面学生的周围,代表各因素的学生再说出“技术先进”“交通便利”等有利的区位因素。农业区位因素、各农业地域类型的区位、城市区位因素、人口迁移的区位因素、影响环境人口容量的因素等都可以运用此法。

(2) 描述地理事物分布。如找两个学生,一个将手和胳膊上举成“V”字形,另一个弯起胳膊和举手成“W”形,两个学生接在一起表示长江的形状,然后将写有长江南北岸支流名称的标签分别贴在相应位置处(南北岸支流分别贴在相应位置的下方和上方)。

(3) 合作探究。学生相互之间合作学习,取长补短。

(4) 探究城市交通问题。教师以学生上学和放学造成校门口拥堵的例子,来说明城市交通问题和采取的对策(错开上下班时间)。

3. 师生数量资源

利用本校、本班师生数量和变化,从事与人口密度、人口分布、人口增长、人口迁移、人口容量等内容有关的探究活动。如要求学生计算本班、本年级和本校的人口密度、人口机械增长率(学生转入与转出量、招生人数变化)、人口合理容量和环境人口容量(据目前人均面积、官方提供的标准的人均面积计算)、人口自然增长率(主要是教职工家庭人口数量自然变化数据)等。

4. 师生手掌资源

伸出手掌或拳头,在手上判断和记忆地理事物的分布、运动方向、成因等。例如:

(1) 判断地转偏向规律。判断北半球地转偏向,可以伸出右手,掌心向上,四指指向物体初始运动方向,则拇指指向为偏转方向;判断南半球地转偏向,可以伸出左手,判断方法相同。如果判断风向,方法同上,只是四指指向水平气压梯度力方向,拇指指向为风向。如图 7 所示。

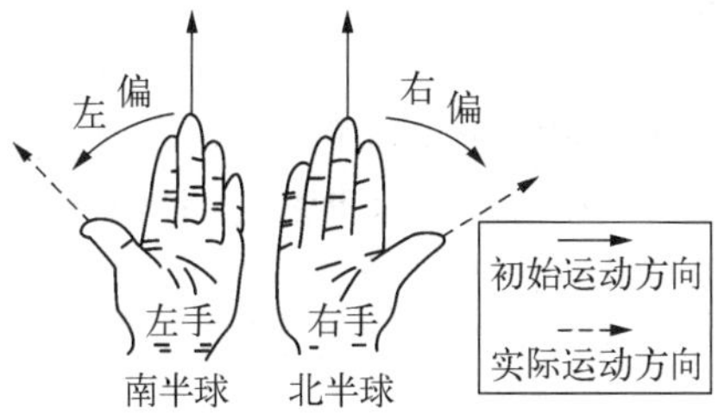

图 7 用手掌判断地转偏向

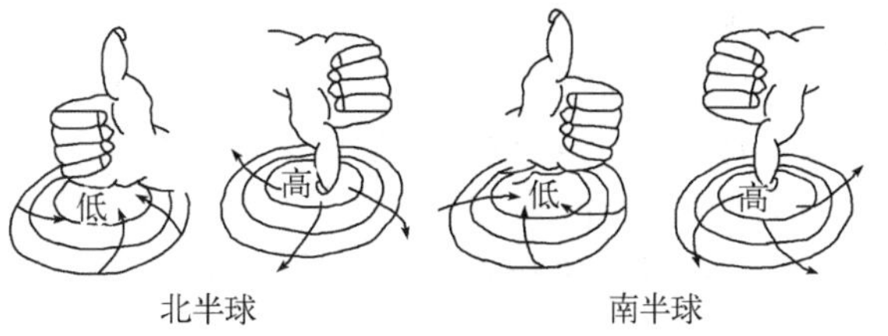

图 8 用手掌判断气旋、反气旋

(2) 判断气旋和反气旋空气流向。在北半球,伸出右手握拳,拇指指向上方为气旋中心空气垂直运动方向,四指环绕方向则为气旋水平运动方向;如果拇指指向下方,则为反气旋中心空气垂直运动方向,四指环绕方向为反气旋水平运动方向。在南半球,伸出左手,方法相同。如图 8 所示。

(3) 地形判断。握紧拳头,拳背向上。如果在图上拳头的"山峰"上画出几条"等高线",则伸直四指时,就会看到平面地图上的等高线形状,便于形象理解等高线的概念。如图 9 所示。

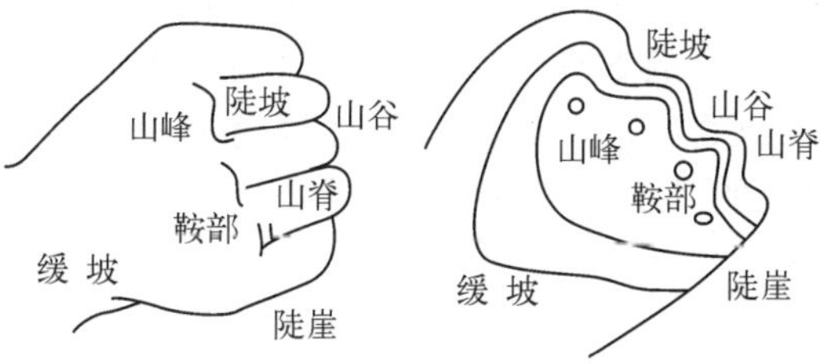

图 9 用拳头模拟地形起伏

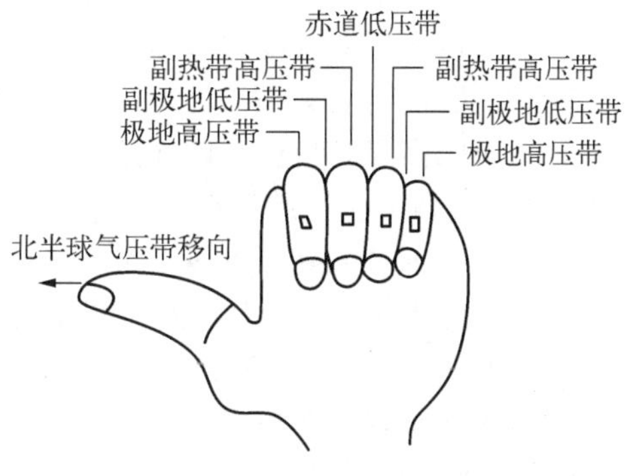

图 10 用拳头模拟气压带分布

(4) 记忆气压带分布。在拳头不同位置上写出七个气压带名称。如写不下,可以在手背上顺着"手筋"延伸方向写;也可以将其简写为"赤低""副高""副低""极高",方便记忆。如图 10 所示。

(六) 学习用品资源

利用学生学习用品(如纸张、笔、尺子等),演示地理事物变化过程和特点。例如:

1. 演示地理变化过程

如:(1) 搭建三圈环流模型。用书本和字典搭出方形支架,说明三圈环流形成过程。(2) 演示锋面结构和移动。用 A4 纸作为锋面,纸张两侧贴有垂直于纸张的箭头,分别表示冷暖空气,演示锋面移动、锋前锋后、锋面过境前后和过境时的情况。(3) 演示褶皱形成过程。两手挤压课本可以演示褶皱形成过程。

2. 做地理实验

如:(1) 地转偏向实验。在废纸箱上剪出较大的圆形硬纸板,上面画出一条半径或一条较长的弦,圆心固定一个垂直的细木棍。逆时针缓慢旋转木棍,下面的圆形硬纸板随之旋转,在硬纸板上顺着画出的半径或弦方向适当用力弹出一个玻璃球(或其他小球),观察小球是否按直线方向运行,向哪个方向偏转;然后再顺时针旋转,操作过程同上。如图 11 所示。

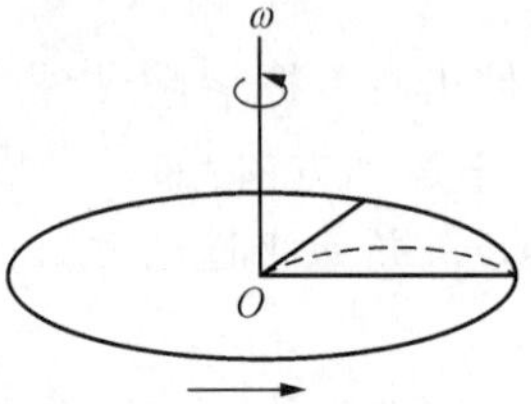

图 11　地转偏向实验

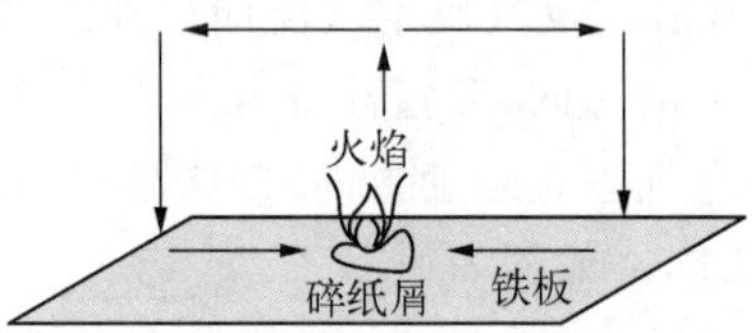

图 12　热力环流实验

(2) 热力环流实验。无风时候,在教室外空旷地带燃烧一堆碎纸屑,会看到有的燃尽的纸灰随火焰上方的热气上升,然后再水平移动到旁边下沉。如图 12 所示。

3. 分析高低空密度与气压的关系。很多书本(比喻成空气密度)垂直摞在一起,越往下部压力越大,可以解释为何气压在低处高而在高处低。

4. 太阳高度测量。当阳光照进教室时,课桌上铺一张纸,使尺子直立在纸上,学生用笔在纸上画出连接尺子直立点与其影子顶端点的直线(影子线),尺子底端位置保持不变,将尺子垂直于影子线放倒在纸上,尺子顶端与影子顶端的连线同影子线的夹角即为此时的太阳高度。此法可测量出太阳高度的日变化规律(在坐标图中画出变化曲线),也可以测量正午太阳高度的年变化规律。

(七) 学校综合资源

利用本校所在地的地图或学生熟知的学校附近的地理事物等地理信息,分析和描述学校内各事物、学校本身的区位、变化特点、成因、问题和解决措施。例如:分析和描述本校在本地的区位、学生座位在教室中的区位等,以及教室、田径场、食堂、商店、宿舍等在学校中的区位等,包括优势区位和劣势区位;分析本校对当地社会和经济发展所起的作用,如带动学校周边餐饮业、住宿业、零售业、交通运输业等的发展。

利用学校地理课程资源时,应带领学生走入实地进行教学,给学生身临其境之感;也可以将学校多个课程资源拍成图片或影像,设计成动画,一起呈现在课堂多媒体课件中,使学校资源"动起来",达到高效利用和"物超所值"的效果。它需要教师针对学校课程资源设计地理问题,并引领学生从中自主发现更多的地理问题,激发学生解释和解决身边这些问题的强烈欲望。这有助于培养学生学习地理的兴趣爱好和进取意识,发展学生的创新精神和实践能力,充分体现"学以致用""以学生发展为本"的地理思想,符合新课程“开发有用的课程资源”的教学理念。

学校地理课程资源的开发与利用对地理课程目标的全面达成、对地理教学方式的转变以及促进学生的全面发展具有十分重要的意义。

二、多媒体情境：利用多媒体技术创设真实情境

地图上的每一个位置都包含大量的空间信息，如区域地形、气候等自然信息和人口、工农业等社会经济信息。传统的地图教学方法是：先静态展示某一地区的地图，然后将其各类信息逐个传授给学生。静态地图难以长时间吸引学生注意力，而各类信息主要以教师声音传递，学生感觉单调无味，学习兴致不高，常言道“教师讲得越多，学生学得越少”；更糟糕的是，它把地图与其空间信息割裂开来，学生分析地图的能力很难得到提高。

现代信息技术（本书指网络技术和多媒体计算机技术）通过网络技术将地图与其空间信息结合在一起，并以多媒体信息（如音频、视频、动画、图片、文档等）的形式动态、综合和交互演示出来，形象直观，这样做出的地图本文姑且称为“多媒体地图”。经过计算机软硬件处理后，它以超链接方式组织管理各类信息和教学程序，创设新的学习情境，刺激学生的多种感官，甚至带来强烈的震撼，极大地提高学生的学习兴趣和持续地协作参与研究性学习的热情；此外，它可以在短时间内呈现大容量的空间信息，很容易深深地印在学生的记忆里，并最大可能内化为学生的地图思维和地图能力。

（一）制作“多媒体地图”的一般性要求

1. 突出重要事物

通过计算机软件在地图的各重要区域里涂上不同色彩，把需要重点呈现的界线、经纬线、河流、山脉、交通线加粗变色，放大重要的标记和符号，再配以动画效果，加深学生对它的印象。比如，操作用 PowerPoint 软件制成的“黄河水系示意图”课件，当讲“黄河之水天上来，奔流到海不复回”时，可将黄河干流变为红线从西向东逐渐延伸，以突出线条事物的分布；当讲黄河流经几个省区时，每讲一个省区，将该省区的范围颜色改变并不停闪动，以突出面状事物的分布；当讲黄河上、中、下游划分时，可将河口、桃花峪分界点不断闪烁或不断膨胀和缩小，以动画突出点状事物。

2. 变静为动

地图上表示地理事物变化的过程，如台风、寒潮的移动路径，可以用电脑软件设置闪烁箭头，运用动画方式移动其相应位置，插入影视片段显示运动特点，用线条和颜色指示运动方向和空间位置等。

3. 变抽象为具体

地图上各种地理事物，如河流、地貌、矿产、自然带、农业区、工业区、动植物等的分布，计算机都可以调用具体形象的实地景物代替它们“铺”在地图上；抽象的数据可以绘成饼状图、柱状图等各类统计图，若配以旁白更好；抽象的地图符号可以配以景观图和

视频。比如,操作“中国风景名胜区分布图”课件,当鼠标移至图中每一个风景区图例按钮时,出现能反映该风景区景观的照片,再配以适当的音乐和解说,鼠标离开时图像和声音随之消失。

4. 利于评价和互动

如学生在地图上填上正确内容或拖动轮廓图移动到正确位置,操作正确者给以鲜艳的色彩、诙谐的动画和夸张的声音,答错者给以鼓励性的声音、动画,这符合学生的学习活动心理。

(二) 制作“多媒体地图”常用的软件

制作“多媒体地图”课件(CAI)常用的软件有 PowerPoint、Flash、Authorware、Director、方正奥思等,绘制地图的软件除了上述的以外,还有 Word、PhotoShop、AutoCAD、Coredrem、MapInfo 和随电脑所带的画图板等。Word 软件绘图步骤繁多,功能有限;PhotoShop 绘图功能多,但操作复杂;画图板虽有多种画图工具,但精确度不够,功能少;Director 软件有强大的影像动画制作播放功能,如可制作出七大洲聚集、拼凑、衔接和吻合的过程。Authorware 交互功能强,但专业性高,操作复杂。最常用的地理课件制作软件是 PowerPoint 和 Flash。

1. 制作“多媒体地图”最简便的软件——PowerPoint 软件

优点:PowerPoint 软件是当前深受教师青睐的多媒体演示课件制作工具,简单易学,容易操作,省时省力,修改方便,可实现图、文、声、像等多媒体素材的编辑,支持媒体格式,如 AVI 电影、GIF 动画等。PowerPoint 课件分成许多幻灯片,在每个幻灯片中可根据需要输入文字、图片、声音、视频等,确定它们之间先后演示顺序,然后通过单击鼠标或设置动作按钮来实现各个幻灯片之间的连续播放。在制作区域地理课件时,可以将地图插入到幻灯片,在地图旁边配以视频、文字、试题、动画、图像等,设定多种“进入”“强调”“退出”“动作路径”的方式,使图文声像协调配合且更具艺术感,可以吸引住学生的眼球。

比如“中国气候图”幻灯片可制成交互式图表:取“中国政区图”作底图,将气候图分为我国冬季等温线、夏季等温线、冬季等降水量线、夏季等降水量线、我国气候类型等几个分布图层,将每一个图层设置为一个对象,在底图下方设置各种图层的图例按钮,点击某图例按钮,则出现相对应的图层,再点击该图例按钮,相应图层消失。

缺点:PowerPoint 动画功能和交互功能显得“力不从心”,如地图按需要进行缩放和置换,地图与视频和动画的对接等功能较差。若将 Flash 动画文件直接插入到 PowerPoint 中(插入→对象→文件创建,再“动作设置”)或插入 Flash 影片,可实现 Flash 的所有功能,如互动功能,使动画变形、放大或缩小,还可打开浏览窗口,寻找需要的网络信息,但 PowerPoint 课件放映时,Flash 文件内容不能直接显示在画面上,需要每次单击“Flash 对象”等一系列程序,实为美中不足。

2. 功能强大的动画制作软件——Flash 软件

Flash 软件可以在地图上制作动画课件。如用蓝色云、红色云分别表示冷暖空气，用中国政区图作底图，可以用 Flash 软件制成动画，演示我国东部锋面雨带的推移规律：夏季暖湿气流登陆，与北方南下的冷空气相遇，形成锋面，暖湿气流沿锋面上升成云致雨，在我国东部形成一条降水，按时间和地区顺序从南向北推移，然后南移。Flash 软件在绘制地图方面也独树一帜。

(1) 空白地图的绘制：Flash 软件是通过不同图层来绘制各幅地图的，具体步骤是：① 点击“文件→导入→导入到舞台”插入空白底图，点击“任意变形工具”缩放地图；② 点击“时间轴”下面的“插入图层”插入一个空的绘图舞台，然后点击锁符号锁定“图层 1”；③ 双击“图层 1”改为“底图”，双击“图层 2”改为“轮廓图”；④ 选择工具栏中的“铅笔工具”，依照底图，将地理区域的轮廓描下来。将舞台放大若干倍，使轮廓线更清楚，方便描绘；⑤ 在不断插入新的图层上分别将底图上的经纬线、河流、湖泊、城市、交通线等描绘下来，分别命名为“经纬线”“河湖”“城市”“交通线”等；⑥ 用箭头工具选中需要的内容，复制粘贴到 Word 文档中，以备使用。

(2) 用 Flash 软件制作矢量地图。通常使用的地图往往是点阵式图形，如通过扫描仪获得或网站上下载 bmp 或 gif 格式的图形。点阵式图形放大后会出现“马赛克”现象，图像颜色暗淡，文字模糊不清。若将点阵式图形转换为矢量图形，则放大后色泽依然鲜艳，文字、符号不变形。扫描地图，在 PhotoShop 中处理后保存为 bmp 或 gif 格式的图形，在 Flash 软件中打开它们，对其像素、颜色、线条弯曲度等进行处理后，即可转化为矢量地图。还可以通过“吸管工具”“油漆筒工具”“画刷工具”“铅笔工具”修改颜色、线条，文字和符号也能重新输入。

(三) 充分利用现有的“多媒体地图”软件

有些软件具有“多媒体地图”的功能，不需要复杂制作，拿来就能使用，容易操作。常用的软件有两类。

1. 电子地图

它能显示在计算机屏幕上，有强大的缩放、漫游功能，比例尺不固定，容量比普通地图多。主要有三种电子地图：以光盘为载体的光盘地图；网上供查询的网络地图；定位精确的 GIS 和 BDS 专用地图。电子地图的主要功能有：地图的缩放显示和移动；输入文字能查询全部信息；定位和导航；量算距离、周长、面积；在原图上修改、添加信息内容和画各种图形；打印所选区域的地图；图文声像综合显示。

电子地图在地理教学中的运用主要是：(1) 地球和地图部分的经纬网教学。(2) 世界各区域自然环境和发展差异教学。在世界电子地图上，各区域地形、气候、植被、土壤、人口密度、行政区划、土特产品、旅游资源等都可查询到。(3) 中国地理的教学。在中国电子地图上，能查询各省、市、县等的行政区划、地形、气候、民族、交通、文化古迹等信息。(4) 乡土地理教学。如可查询家乡所在地区(省、市、县、乡等)的自然和社会经济发展情况。(5) 定位和量算。如在网上搜寻到某一城市的网络电子地图,在该地图上输入该城市中某一宾馆的名称,可以查到的信息有:该宾馆所在的位置,离火车站多远,乘几路车到达等。

2. Google Earth 软件

Google Earth 软件是美国 Google 公司开发的地图搜索软件,它通过拼接无数的航空图片和卫星图片,采用三维地图定位技术,形成立体画面。用户在三维地图上可搜索任何一块区域,并对该区域按需要进行放大或缩小,随意调整观看的高度、方向和倾角,从大视野到小范围的地表形态都能很完整而清晰地展现出来,可以用来鸟瞰世界、获取地理知识和研究地理问题。网上下载免费的 Google Earth 软件就足以用于地理教学了。Google Earth 在辅助地理教学上的优势:

(1) 地貌辅助教学。在 Google Earth 中可以观赏全球任何地区的地貌。点击塔里木盆地,只见一条条排列整齐的沙垄横亘在盆地内部;点击珠穆朗玛峰,依次操作鼠标左键、右键,可从高空鸟瞰、近景观看过渡到侧面观赏,旋转屏幕右上角的指北方向,可以绕山峰一周观赏,使人真正体验其雄伟和高大。调节观看的高度、方向和倾角,可以高低、远近、缩放欣赏,地球上每一个地区的大地貌和小地貌都能一览无余。如操作左键、右键(或改变鼠标上面轮子的转动方向)可以分别放大和缩小观赏的地区范围及其地表细微的形态和景观。据此也可用来分析每一个地区存在的环境问题。

(2) 聚落辅助教学。在 Google Earth 中,很容易从空中鸟瞰每一个地区的城市和乡村的形态与分布;能深入到每一个城市内部,找到商业区、居民区、工业区,俯瞰整个城市道路网的形状,了解城市功能区布局,分析成因。

(3) 旅游辅助教学。在 Google Earth 中,能从不同角度看到埃及大金字塔、法国巴黎埃菲尔铁塔、中国长城和泰山、日本富士山等有名旅游景观,可以分析其游览价值、市场距离等。

(4) 乡土地理研究性学习。在 Google Earth 中,学生很容易找到自己的学校、家乡,并清晰地看到学校和家乡的建筑布局,他们会兴奋异常。因此可让学生使用此软件查看本地区地貌、河湖、植被、道路、田舍、商业网点、公交站台、公园广场、银行、学校、酒店等方面的信息,获得研究性学习的灵感。

(5) 经纬网和地图辅助教学。Google Earth 提供的经纬度极为精确,操作它可以比较经纬线的性质(长度、特点等),判别地图方向,确定地球上任意一地的经纬度,量算两点间的距离等。

同时该软件也具有一定的缺点:

(1) 城市卫星图片清晰,而偏远乡村图片较模糊。

(2) 云层和雾遮盖的地区,卫星图片上是灰蒙蒙的。

(3) 卫星图片好几年才更新一次,与日新月异的中国城市面貌不同步、不符合。

(4) 英文版让我国地理教师使用不便,缺少较好的中文版本。

(5) 断开网络后，原来观看过的地貌和城市，重新打开时仍能显现；但未看过的陌生地区，必须连上互联网才能显示出地表细节。

(6) 初次点击某一地区时，卫星图片必须过一段时间才能显示清楚。

(四) “多媒体 GIS 地图”的辅助教学功能

地理信息系统(GIS)是在计算机软硬件支持下，采集、存储、管理、检索、分析和描述地理空间数据，适时提供各类空间、动态的地理信息，用于管理和决策过程的系统。它功能强大，应用领域广泛，凡用到地图或需要处理空间数据的领域，都可以借助 GIS。从地图学角度看，GIS 实质上是一个电子化的地图系统。常用的 GIS 软件有美国的 MapInfo GIS 等。MapInfo GIS 是美国 MapInfo 公司推出的地图信息系统，它可以将空间信息及其相关内容放在地图上，使各种枯燥的表格数据可视化，极大地方便了数据分析和辅助决策。它有汉文版，功能多，易学易用，操作简单。

将多媒体技术与地理信息系统(GIS)融为一体，称多媒体地理信息系统(MGIS)或多媒体 GIS，这样制作出来的地图可称为“多媒体 GIS 地图”。具体说，把 GIS 软件与 PowerPoint、Flash、Authorware 等多媒体制作软件结合起来，制成 MGIS 地理课件。MGIS 不仅在数字化地图上提供相关地理事物的景观照片、动画、声音、录像、色彩、文字等，使地图真正“活动起来”，还可以发挥空间分析和交互功能，充分调动学生的视觉和听觉，提高学习效率。

在多媒体辅助地理教学中，可以充分运用 MapInfo GIS 的强大地图功能。

1. 热链接功能

在上述 GIS 软件的专题属性表中增加关于照片、录像、文字、统计数字、动画、平面图形等文件的字段，然后进入专题属性编辑对话框，实行专题与照片等对象的热链接。一旦定义好热链接后，在地图上点击一个符号，立即弹出有关说明该要素的信息(如解说文字、动画、音乐、风景图片等)。将地图上的某一个地点与相应的图文声像建立热链接，可很好地配合地理教学。

2. 选择、查询、定位功能

即让 GIS 回答有关问题的操作。如运用 GIS 的区域查询工具能快速显示世界人口大国的分布情况，查询大于 100 万人口的特大城市的分布、工业产值和人口增长率及其排序，查询长江流经哪些省区和城镇等。

3. 缓冲区分析

它是地理现象或事件等影响范围的操作。比如，分析大型商场的服务范围、污染源对周围地区的影响、长江干流两岸 15km 范围内的人口总量等。

4. 叠加分析

将不同要素分布的图层叠加，分析地理要素间的影响关系。比如，将印度各种农作物分布图与其降水量、地形图叠加，可分析自然条件对农业分布的影响；行政区图层与农作物分布图层叠加，可知各行政区主要农作物的种植面积；对我国温度、降水等分布图进行叠置分析，可找出甘蔗和甜菜适宜种植的范围。

5. 创建专题地图和地理图表

利用 MapInfo GIS 可创建三维的立体专题地图，并附以图表。比如，对各国家和地区的人口数量分级，设置不同颜色，形成人口分布的专题地图；或利用三维制图功能直接据人口数量生成棱柱图来表示人口分布状况；将 MapInfo GIS“嵌入”其他程序（如 Office、AuthorWare、PowerBuider、VisualBasic 等），可以演示或制作报表，或打印、创建、显示和编辑地图。ArcView GIS 能动态直观显示地理教学上常用的六种图表（面域图、水平直方图、柱状图、线条图、饼状图、坐标散点图）。

6. 资料存储

通过数字化的方法对空间数据进行采集、处理和存储。如采集各类地图、遥感图像、社会经济统计资料等，用点、线、面表示地物的空间位置、形状等，建立地图与自然、社会经济等图文声像资料间的联系。将地图进行数字化分层，分层处理各种地理事物的分布，因此各类图层（如地貌图层、土地利用图层、人口分布图层等）构成 GIS 的数据库。学生可利用 GIS 管理所收集的乡土地理资料（如城乡居民点分布、交通线路布局、主要企业的布点等）。比如，利用 ArcView GIS 可建立一个简单的学生地理信息系统（SGIS），主要步骤是：(1) 扫描学校附近地区的地图，输入计算机进行编辑，使该地区的主要道路和街道区划地图数字化；(2) 输入各班学生的家庭住址空间信息和其他信息。最后可以对学校教学管理的空间信息进行查询和分析。

7. 绘图功能

如 MapInfo GIS 可调用 Dbase DBF、Lotus 、Excel 等格式的数据库文件，使用 MapInfo 提供的 MapInfoBasic 工具可方便、精确地绘制经纬线，设计图形符号等。

三、地理真实情境的组合与选择

选择地理事物和现象，优先选择两个地区：一是学生所在地区常见的或熟悉的、易为学生接受和理解的；二是全国分布较多、影响较大的，利于拓宽学生视野的。

地理案例教学常用到三类案例：“乡土案例”“教材案例”和“检测案例”。“乡土案例”即为乡土地理案例，由教师自行设计；“教材案例”即教材给出的案例；地理教师设计第三方案例，用以检测学生对前面两个或其中一个案例的学习效果，可称之为“检测案例”。三类地理案例分析的最佳组合是什么？

（一）平时地理案例教学的单一性

我们平时的地理案例教学，可能只是分析“教材案例”，很少分析“乡土案例”。其原因除了节约教学时间外，可能还与考试经常考查经典案例或“教材案例”有关。因为越是正规的地理考试（如高考），越要避开考查参试范围某一地区的“乡土案例”，以确保各地区考生公平竞争。于是，一些地理教师往往忽视了“乡土案例”的教学，特别是在地理复习课堂上，更难见“乡土案例”的踪影。

(二)“乡土案例”“教材案例”和“检测案例”有效组合研究

1. 分班尝试三种组合模式

本人在自己所带的某届高一年级三个班分别进行了不同案例组合的教学尝试,教学内容是鲁教版高中地理必修二教材“影响高新区区位的因素”。

具体教学过程是:在分析“乡土案例”和“教材案例”中的一类或两类案例后,再使用“检测案例”,以检测学生当堂分析前两类或前某一类案例的效果。“检测案例”是所用教材上没有的较典型的案例,学生可能不太熟悉;检测后要针对反馈的问题重新分析该案例,所以检测用的案例也属于教学案例。

各班教学所分析的案例分配如下:

甲班:分析“乡土案例”后,紧接着使用“检测案例”。

乙班:分析“教材案例”后,紧接着使用“检测案例”。

丙班:既分析“乡土案例”,也分析“教材案例”,最后使用“检测案例”。

2. 案例设计

本节所用的三类案例设计如下。

(1)“乡土案例”设计

① 案例标题:徐州高新区。② 图文信息:徐州高新区位置图,如图 13。

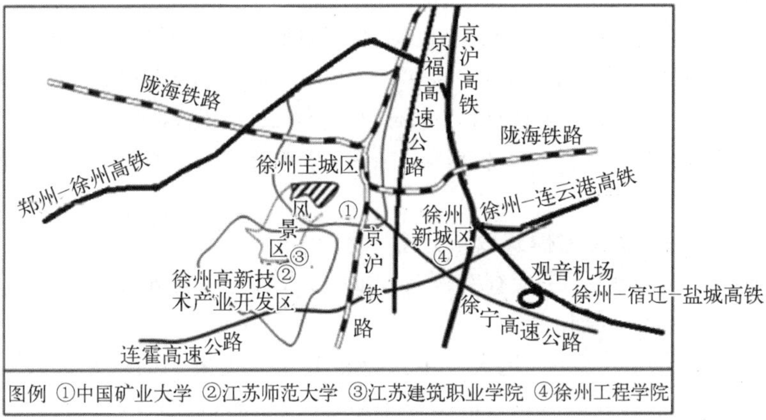

图 13 徐州高新区位置示意图

③ 问题设计

位置上:徐州高新区的位置怎样描述?这样的位置有何优势?

技术上:该高新区靠近哪些大学?有何优势?

交通上:有哪些主要交通线穿越该高新区?

自然环境上:怎样描述该高新区环境优美?

政策上:有何优惠政策?

基础设施上：有哪些设施？

劳动力：有何劳动力优势？

概括表述：请概括徐州高新区优势区位条件。

（2）“教材案例”设计

① 案例标题：“亚洲硅谷”班加罗尔。

② 图文信息：见鲁教版高中地理必修二教材 68 页“知识窗”中的图文资料。

③ 问题设计：教材缺失问题，需要教师亲自设计：从位置、技术、交通、自然环境、政策、基础设施、劳动力、治安等方面具体评价和概述班加罗尔的优势区位条件。

（3）“检测案例”设计

① 案例标题：美国“硅谷”。

② 图文信息：见人教版高中地理教材相关资料。

③ 问题设计：根据美国“硅谷”的位置、技术、市场、交通、自然环境、政策、基础设施、劳动力实际情况，从具体评价和概括表述两方面评价其优势区位条件。

3. 评分标准

因为三个班的地理平均成绩不均衡，所以分别选取三个班 20 名学生的地理成绩计算平均分。每班这 20 名学生的平时地理成绩是相当的。

从位置、自然环境、技术、市场、交通、政策、基础设施、劳动力八大项，对学生分析“检测案例”情况进行评分，每大项 4 分，共 32 分。每大项分两点评分：一点是概括表述能力，即能说出“位置优越”“交通便利”等词，每点计 2 分，共 16 分；另一点是解读图文信息的能力，即读出图文信息，有更具体的描述，每点计 2 分，共 16 分。具体答案表述和评分标准如表 23 所示。

（三）三种案例分析组合模式效果分析

三个班使用“检测案例”来检查案例教学的效果，所得平均分数统计如表 24 所示。

从表 24 可得出如下结论。

分析两类案例的教学效果，远大于单独分析其中一类案例的效果。表 24 显示，分析两类案例的丙班平均分数占总分的得分率超过甲班、乙班。说明分析两类案例后，学生理解透彻，能够融会贯通，迁移到“检测案例”的能力有大幅度提升。

分析两类案例后，学生概括表述能力明显增强。表 24 中，丙班概括表述能力得分率远远高于其他两班。丙班在分析两类案例后，学生记忆力和理解力加深，并且懂得题目真正的意思，也与教师分析两类案例有两次总结概括有关；甲、乙两班此小项得分率低，原因可能是：学生对已学的一类教材案例印象不深；学生不理解题目中“概括表述”的意思；教师只有一次概括总结。

表 23　“检测案例”评分标准

项目	位置	自然环境	技术	市场	交通	政策	基础设施	劳动力	合计分值
概括表述能力(每项2分)	位置优越	自然环境优美	技术发达	市场广阔	交通便利	政策优惠	基础设施完善	劳动力素质高	16
解读图文信息的能力(每项2分)	位于美国西部旧金山东南，离港口较近，方便与世界的联系	位于谷地和旧金山湾南岸，地中海气候宜人，环境优美	有斯坦福大学、加州大学伯克利分校等名校，高等院校和科研机构多	销往世界市场	有101公路直达港口，空运发达	美国军事订货量大	配套设施齐全，社区服务先进，与世界各地联系通畅	世界各地高科技人才和创新人才汇聚此地	16
每大项分值	4	4	4	4	4	4	4	4	32

表 24 “检测案例”各项问题平均得分统计

班级	各项能力	位置	自然环境	技术	市场	交通	政策	基础设施	劳动力	各项分值合计	合计分值
甲班（只分析乡土案例）	概括表述能力	0.6	0.3	0.6	1.3	1.1	0.9	0.4	1.7	6.9	16.8
	解读图文信息的能力	0.4	0.7	1.5	0.6	1.3	1.7	1.9	1.8	9.9	
乙班（只分析教材案例）	概括表述能力	0.8	0.1	0.4	1.3	0.8	0.6	0.2	1.6	5.8	15.1
	解读图文信息的能力	0.4	0.8	1.4	0.6	0.6	1.8	1.9	1.8	9.3	
丙班（乡土案例与教材案例全部分析）	概括表述能力	1.5	1.2	2	2	2	2	2	2	14.7	27.3
	解读图文信息的能力	0.8	0.7	2	1.1	2	2	2	2	12.6	

分析乡土案例的效果稍高于分析教材案例的效果。表24中,只分析乡土案例的甲班两小项分,均稍高于只分析教材案例的乙班。原因只能是:乡土案例是学生家乡的、身边的地理事实,学生耳闻目睹,有更多的切身感受和独特的理解体会。实际教学时也能发现,学生对乡土案例探究的兴趣高于对教材案例的兴趣。

学生解读案例文字材料的能力高于解读案例图示信息的能力。表24各项解读图文信息的能力平均分均高于概括表述能力均分,通过阅卷发现其中的原因:很多学生基本上能把题目材料中有关文字描述照抄进答案中。“位置”和“自然环境”两项得分率低于其他各项,主要是因为文字材料对这两项的描述不多,需从图示中获得信息,有一定难度。由此说明,学生对这两项的图示解读能力和表述能力严重欠缺。但是经过分析两类案例的训练后,丙班这两项重点考查图示解读能力的得分率明显提升。

(四)最佳案例分析组合模式

对于同一主题的地理案例教学,完整有效的案例教学过程应该分析三类案例:“乡土案例”“教材案例”“检测案例”。三个案例相辅相成:“乡土案例”从学生实际生活出发,能增强学生探究兴趣;“教材案例”可帮助学生掌握教材上的基础知识和基本能力;“检测案例”可有效反馈学生分析前面两个案例存在的问题,方便教师有针对性采取补救性教学措施。

三类地理案例教学的具体组合和实施过程是:

第一步,既要分析“乡土案例”,又要分析“教材案例”。

先分析“乡土案例”,后分析“教材案例”,用时较少。因为学生对“乡土案例”较熟悉和感兴趣,解读容易。“教材案例”跟在其后,用时约为前者的一半。围绕一个主题,设计和分析这两类案例,可以达到三个结合:近区域案例和远区域案例结合,小区域案例和大区域案例结合,学生熟悉区域的案例与陌生区域的案例结合。

前后两个案例问题的设计有所不同。先分析的案例设问应该是“小步子”问题,如上述“乡土案例”(徐州高新区)的设问,一个问题只分析一个因素,有逐项引导分析的过程。后面案例的问题不必与前面案例设问重复,可以将前面案例的“小步子”问题合并成一个大问题,由学生一并叙述,如上面“教材案例”(“亚洲硅谷”班加罗尔)的设问。

第二步,使用“检测案例”来检测和补救。

先使用“检测案例”来检测学生。课堂上再向学生呈现另外一个案例,来检测学生对前述案例学习的效果。此案例设计的问题可以类似于前面分析的案例,要求的能力基本相同,即主要为地理信息的解读和表述能力。

再分析“检测案例”。教师根据学生分析“检测案例”存在的问题,对“检测案例”进行再分析、再指导,以补救分析前两类案例的失误,此举完全符合“先学后教”的教学理念。如针对学生分析上例高新区“检测案例”存在的问题,采取针对性的补救措施是:应该重点强化对高新区“位置”“自然环境”的图示解读指导;分别从哪些因素入手分析高新区的优势区位条件;答案应从哪两方面(概括表述和具体评价)表述;在分析前两类案例时,教师怎样及时做好总结归纳;等等。不使用“检测案例”,案例教学效果无从得到反馈,无法查漏补缺,案例教学过程不完整,达不到预期效果,不能真正起到巩固强化的作用。

第五节 新课标对情境教学的评价

一、对“情境”进行分级评价

新课标将地理情境分成四个级别:简单、熟悉的地理事象,简单的地理事象,复杂的地理事象,现实中的地理事象,水平由低到高。说明地理情境有简单和复杂之分,有熟悉和陌生之分,有现实和非现实之分。四大地理核心素养分别在这四级情境下所表现出来的认识、归纳、分析、解释、评价、解决地理问题的能力和素养水平,也由低到高提升。其中,现实中的地理事象应当是复杂的、变化的情境,学生能够应对这样的地理情境,应该具有很高水平的核心素养。按照情境分级教学规律,要求我们在教学中,首先要联系学生的生活经验和身边熟悉的事物来创设简单的情境,然后再逐步增添干扰信息设计较复杂的情境,最后可以让学生在现实情境中解决现实地理问题,以此将学生的四大地理核心素养逐渐提升到一个新的水平。

比如,对于身处城郊的学生,城市热岛效应的情境可以分级设计为:(1) 水平一:城市和郊区冷热差异的直观感受,这是简单和熟悉的情境;(2) 水平二:城市和郊区的热力环流状况,虽然学生对此不熟悉,但信息仍然较简单;(3) 水平三:城市和郊区降水状况以及郊区绿地的作用等,这是较复杂的情境;(4) 水平四:城市和郊区工业布局问题和解决办法,这是现实中的情境。由水平一到水平四的情境由简单到复杂,需要学生按照认识现状—分析原因—分析影响—解决问题的逻辑思路由浅入深地学习。

二、运用表现性评价来评价学生在真实情境中的实践能力

新课标对表现性评价的概念有两种描述,一种是“表现性评价是指对学生在真实情境中完成某项任务或任务群时所表现出的语言、文字、创造和实践能力的评定”,另一种是“也指对学生在具体的学习过程中,所表现出来的学习态度、努力程度以及问题解决能力等的评定”。前者是用来评价实践能力,后者包含了对情感、态度和价值观的评价,这是笔试评价所没有的功能。

表现性评价涉及的学生地理实践的形式应该是多样的、开放的,包括演示、实验、调查、搜集、制作学具、表演、发言、展示作品、创作、交流、讨论、方案设计、摄影等。其所在的真实情境是一种复杂多变的情境,没有标准答案,因此,学生的答案也就没有对错之分,可以自由作答,有利于激发学生创造力,寻找多种解决问题的途径,“在户外考察活动过程中,教师要充分调动学生参与的积极性,关注学生观察、发现、质疑、探究问题的表现”。

新课标列举了五类表现性评价方法:开放性问题的笔试评价;学生操作过程评价;学生

观察能力与表达能力的评价;学生思考能力、判断能力、表现能力的评价;日常习惯的评价。

表现性评价的实施较为复杂。为提高表现性评价的信度,新课标要求教师应该了解"表现性课题"的必要条件和制作程度。可将其理解为:预先设定情境,提供给学生评价内容(目标)、可量化的具体评分标准(量规)、要求完成的具体任务、形成的成果形式等,让学生充分领会考查的意图和了解详细的操作过程,有助于师生通过观察、记录、评估学生的活动表现,结合学生自评、互评和师评,综合评定各位学生不同的等级结果,如分为优秀、良好、合格和不合格几个等次。同时,"还应建立学生成长档案袋,详细记录学生能力培养和素养形成的路径轨迹"。

例如,可以给学生布置一项调查活动:校园垃圾分类调查,学生分组搜集相关资料,了解相关知识后,再通过分组观察、问卷、访谈等形式,获得第一手资料后,合作讨论分析现状、危害、原因、前景等,有针对性地提出建议,最后撰写成调查报告,供学校领导决策参考。在此过程中,由学生记录各自表现,作出自评和互评,教师再根据学生的调查报告质量及其展示能力、调查中的种种实际表现等,最终给学生综合评出不同的等次。

总之,学生在真实情境中的实践活动,最能表现其真实的地理实践能力,因此,既要重视学生在活动过程中的各种表现,又要看重活动的结果。"设计社会调查活动……通过观察进行过程性评价,活动结束后,要有撰写与交流调查报告的结果性评价。""让表现性评价成为一种能真实反映学生'在实践中解决问题、合作交流和批判性思考等多种复杂能力'方面的最佳评价。"

三、设计试题情境检测

试题情境应属于新课标所述的"给定情境",但同时具有检测学生学业水平的功能。新课标认为,创设试题情境,就是要设计复杂、开放性真实问题情境,通过学生应对该情境时的外在表现来评判学生的核心素养。

新课标在"学业水平考试命题建议"中,对"试题情境"的分类和创设作了充分阐述。根据其描述,可将试题情境分为三类:学术情境、生活情境、生产情境。学术情境有时是较简单、结构良好的情境,如锋面天气模式图、洋流模式图、地貌模型等;有时是整合后的复杂情境,如世界洋流分布图。生活情境多为复杂、结构不良的现实情境,如实地考察和研究情境。新课标提出了设计上述真实问题情境的标准:一要联系生活、生产,来自不同学科,给予必要、充足的信息,二在呈现方式上要"鲜活化",不拘一格;三在创设学术性情境上,既要通俗,有生活情境,又要隐含内在学科逻辑;四要设计明确具体的问题;五要将问题情境的复杂程度,与地理思维、探究方法和技能,以及与核心素养水平级别一一对应,方便测评学生的学业质量水平。

2019年6月,国务院办公厅印发的《关于新时代推进普通高中育人方式改革的指导意见》中指出,"创新试题形式,加强情境设计,注重联系社会生活实际,增加综合性、开放性、应用性、探究性试题""优化考试内容,突出立德树人导向,重点考查学生运用所学知识分析问题和解决问题的能力"。

【例】在北半球，把手表平置，将时针指向太阳。图 14 的三幅图中，当地时间中午 12 时前，按顺时针方向，时针与 12 时刻度线夹角的角平分线所指方向为南方，如图甲；当地时间中午 12 时后，按逆时针方向，时针与 12 时刻度线夹角的角平分线所指方向为南方。北京时间 7 时，正在罗布泊(41°N，90°E)野外考察的李教授将时针对准了刚刚升起的太阳，如图乙。回答下列问题：

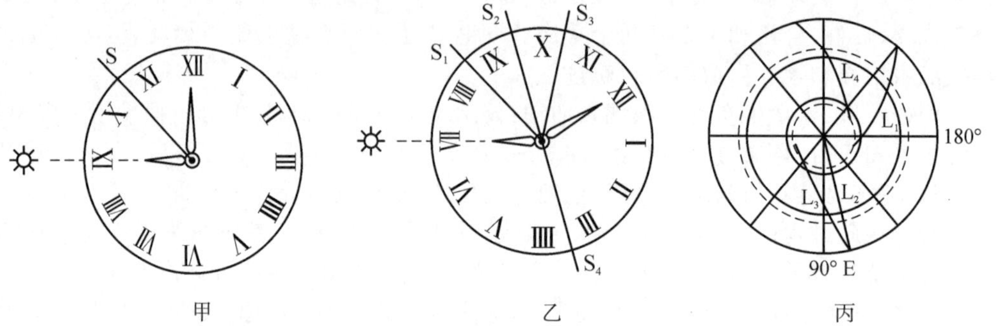

图 14

(1) 李教授所在的南方应该是图乙中的____方向。

A. S_1　　B. S_2　　C. S_3　　D. S_4

(2) 图丙中，能正确表示此时晨线的是____。

A. L_1　　B. L_2　　C. L_3　　D. L_4

试题情境和考查素养评析：此题为 2018 年南京市和盐城市高三地理第一次调研考试试题。所设计的试题情境有如下特征：野外考察时，利用手表和太阳来确定方向，这本身就是生活情境；该情境讲究图文配合，通俗易懂；其中涉及地方时、区时、北京时间、晨昏线、经纬度等，属于地理学术性情境。图乙中是 7 时刻度线对准太阳，而不是当地 5 时刻度线对准太阳，对学生的思维造成干扰，使情境更加复杂化。

此题主要考查了两大核心素养。解答第(1) 小题的常规思路是：可以根据北京时间 7 时计算出罗布泊当地(90°E)日出时间为 5 时，将当地时间手表上 5 时刻度线对准太阳，按顺时针方向，它与当地 12 时刻度线间夹角的角平分线 S_1 方向为南方。但图乙中是北京时间 7 时刻度线对准太阳，那么当地 12 时也应该换算成北京时间 14 时，即从北京时间 7 时刻度线起，沿顺时针方向与北京时间 14 时刻度线间夹角的角平分线 S_3 指向当地的南方，而不是 S_1。答案为 C。此问主要考查空间想象力、地理计算能力等地理实践力。解答第(2) 小题的思路是：先根据图丙标注的经度可知地球自转为逆时针方向，再根据 90°E 日出时刻 5 时能够判断此图为北半球夏季，由此可确定晨线为 L_3。这需要联系地球运动各项知识来探究，考察学生的综合思维素养。上述均符合新课标有关试题情境设计的标准和理念，能够测试出学生的学业质量水平。

第四章　地理情境问题化：问题式教学理念“落地”课堂

第一节　情境问题化与问题式教学的理念

一、情境问题化

情境与问题不可分，有时将两者合称为问题情境或情境问题。只有情境没有问题，情境就失去了价值和意义；只有问题没有情境，问题就失去了意义，学生无法完成迁移运用能力，问题就成了无源之水、无本之木。问题是情境中的问题，情境是问题的来源地，是知识发生的过程史。所谓“疑发于境”，就是要求教师在设计问题引发学生疑问时，必须先有相应的情境作为依托，这样的问题就成为具体情境的问题，才能引起学生解决问题的兴趣。

本文所说的“情境问题化”有三层含义：

一是在设计问题前，据核心素养目标确定有哪几项核心内容。

二是指依托情境，将核心内容转化成结构化的系列问题，使核心内容、情境、问题保持一致性。新课标强调情境对设计问题的重要性。如“问题的确定应考虑与实际情境相关联”“问题的设计，需要依托情境”。据一个情境能设计一个或数个问题，据多个情境所构成的连续情境串，可以设计问题串或问题链。情境、核心内容和问题的关系是：据各项核心内容和相应的情境设计对应的问题，所设计的问题应当体现核心内容；同时，所创设的问题情境，是核心内容的情境，问题与核心内容是一一对应的关系。当然，合适的问题还要符合课标、学情、教材、课程资源等各项要求。

三是据真实情境设计真实地理问题。新课标强调“在户外考察活动过程中，教师要充分调动学生参与的积极性，关注学生观察、发现、质疑、探究问题的表现”。学生通过认识和理解地理情境，来思考和探究问题，这就是“人地合一”或“天人感应”。

常见的教学误区是：据学生要掌握的知识设计问题，即所谓的“知识问题化”，主要目的是要求学生在回答问题过程中，掌握某些地理知识。

知识教学要求上：旧课标仍然强化知识教学，且多为局部的、零散的内容，重难点内容即为知识教学内容；新课标则强调知识的结构化、整体化和系统化。

二、新课标有关问题式教学的理念

新课标在“教学与评价建议”的第一项“重视问题式教学”中，提倡问题情境教学。不同于过去的依据知识设计问题的教学思路，新课标强调要依托情境来设计问题，问题必须与实际情境相关联。这就是情境问题化。新课标认为，应完整呈现相应情境和问题，学生应该在充分理解情境和问题后再展开学习活动。下面为新课标对问题的设计要求。

一是深加工问题链，整合学习内容和指向深度学习。新课标认为，应该围绕情境设计有层次的问题链条，能体现相关的知识结构，分析问题能由浅入深、条理清晰。问题深加工要注意以下几个要素：其一，问题要联系课标要求和地理教科书内容，便于学生找到基本的依据和资源。其二，问题链条应注重知识间的内在联系，可以覆盖教科书的若干内容，将所学内容有逻辑地整合成可操作的学习链条，突出教学内容的结构化与关联性，自主建构自己的知识体系，以结构化的知识和能力来解决问题。学生活动要有利于掌握地理知识结构体系，形成综合解释和解决地理问题的能力。其三，基于学生已有知识水平、实践经验和学习起点。其四，为合作解决问题创设学习条件、学习情境。其五，提倡以学生为主体进行自主、合作探究问题。设计切口小、能进行精准探究的微问题探究教学方式，利于向纵向和横向拓展学生的思维。

二是设计开放性问题，发展创新思维。新课标要求“教师要特别关注开放性的、没有标准答案的问题”，鼓励学生呈现开放性思维，创造性地解决问题。引导学生从多个视角观察和分析地理事象，以便发现多个地理问题、探索多种解决途径。这类问题多与地理成因、影响和对策等内容有关。教师还应创造条件，促使课堂生成问题，学生发现问题和提出问题，这也属于开放性问题。

情境为“地”，问题为“人”，情境问题化，即“地人合一”，直接对接新课标理念。

第二节　情境化问题

一、情境化问题分层结构

遵循学生的认知规律，依据情境化程度、情境化问题分为三层：原始情境化问题、结构情境化问题、去情境化问题。

1. 原始情境化问题

原始情境是指未被抽象加工的客观地理事实，情境真实、真切，但结构不良、复杂、开放；文字描述为主；没有提供为解决问题所需要的定量和定性信息；没有被主观加工过；没有图示信息；思维难度大。

【例1】某人曾经去过美国，当时在上海浦东国际机场，乘东方航空公司的一架飞机，经过十几个小时的飞行，终于到达美国纽约国际机场。请叙述中途飞机飞行方向的变化、飞行日期的变化。

分析：此情境案例是某人曾经乘飞机去美国的真实情境。这样的情境叙述没有方向性，学生在解答问题的过程中，困难较大。因为情境的综合性、复杂性较强。情境没有告知飞行路线，要考虑多种情况。如果向东飞往美国，取直线飞，那么飞行方向是自西向东；取大圆方向飞，又有两种情况：一种是飞行方向为先向东北飞，接着向正东方向飞，然后向东南方向飞；另一种是飞行方向先向东南飞，接着向正东方向飞，然后向东北方向飞。如果向西飞，分析方法与上述类似。关于飞行时间的变化，如果向东飞，在180°经线西侧穿越国际日界线，则日期提前减一天；如果在其东侧穿越国际日界线，日期推后减一天；但这两种情况经过180°经线时，日期不变；如果180°经线与国际日界线重合，则穿越180°经线（或日界线）直接减一天。如果向西飞到纽约，不涉及穿越国际日界线和180°经线，飞行日期的确定需要运用区时的计算方法。

从上面的分析可以看出，原始情境因为客观现实，非常复杂，所提问题的方向不明，分析起来更加复杂，需要应用较多的知识和能力，学生很难做到这些。关于飞行方向，需要学生自行在上海和纽约之间画出飞行路线，然后作出判断。

这类情境的试题，可以面对所有水平的学生；难度较大，答案不唯一，必须靠小组活动来完成。

2. 结构情境化问题

它介于上述两者之间，是含有结构化情境的问题，情境预设性较强。原始情境一般无章法、较杂乱，一旦经过人为对情境的抽象和加工，就变成了结构情境化问题。地理结构情境化问题与原始情境化问题一样，较为接近真实情境，有时是教师创设的模拟真实的情境，同时还具有具体性、实践性、社会性、学科性等特点，能促进知识的迁移应用。

【例2】阅读下列图文材料，回答问题。

材料一　某人曾经去过美国，当时在上海浦东国际机场，乘东方航空公司的一架飞机，从11月7日20:15起飞，最后到达美国纽约国际机场的时间是11月7日22:00。

材料二　飞机飞行线路图（图略）。

问题：请叙述飞机飞行方向的变化、飞行日期的变化和飞行时间。

分析：结合材料一的时间，东8区与西5区区时差是13小时，可以计算出飞行时间为14小时45分钟；根据材料二，飞行中途经阿留申群岛、阿拉斯加州本土、加拿大上空，所以是先向东北飞至阿拉斯加州本土后，再向东南飞；同时从图上看，在180°经线西侧穿越国际日界线，所以在穿越180°经线前日期已经由11月8日变为7日。

此题为结构情境化问题。因为情境经过了结构化处理，具体、真实，图文并茂。但难点是：学生必须能看懂图示中飞行路线经过地区，并掌握飞机飞行的大圆方向、180°

经线和实际的国际日界线之间的关系，才能判断飞行方向、飞行日期的变化。

3. 去情境化问题

它由具体的情境抽象出来，能反映情境本质的概括性问题。其特征有：已知条件高度概括；情境信息有一定的抽象性，能够反映本质性问题；类推性强，可以将解决去情境化问题的模式运用于解决类似的其他多种具体情境问题。

【例 3】一架飞机于 11 月 7 日 20:15 从上海（东八区）起飞，约接近阿留申群岛上空依次穿越实际的国际日界线、180°经线，最后到达美国纽约（西 5 区）的时间是 11 月 7 日 22:00。请叙述中途飞机飞行方向的变化、飞行日期的变化和飞行时间。

分析：此题案例情境性比例 1 弱些，但有充足的信息，考查知识、技能、能力等的意图和方向明确，题中提到的时区、国际日界线、180°经线等信息，都为去情境化语言，直接考查学生区时计算能力，以及对地图方向、国际日界线等概念的理解和判断能力。解决此类问题的方法具有高度概括性，可以类推运用于解决原始情境化问题和结构情境化问题。

二、三类问题的实证研究结果

上述例 1 的情境是文字材料，属于原始情境化问题；例 3 是去情境化问题；例 2 的情境是图示和文字材料，属于结构情境化问题。本人选择在本校高二年级地理成绩相当的三个理科班（每班 40 人）中展开测试，每个班分到一个试题，10 分钟做完后上交，计算每个班得分的平均分。结果如表 25 所示。

表 25　测试结果

班级	甲班	乙班	丙班
试题	例 1（原始情境化问题）	例 2（结构情境化问题）	例 3（去情境化问题）
平均得分（满分 10 分）	2.7	4.6	7.5

结论分析：

（1）原始情境化问题和结构情境化问题得分远低于去情境化问题分数。原因可能与学生以下能力低下有关：

① 学习地理双基不能融会贯通，综合分析能力低。解答本题需要时区、区时、日界线等基础知识和计算技能，学生理解不透，又不能将各部分联系起来，无法解决情境性较强的问题。因为情境问题对运用知识和能力的要求较高。

② 比较分析的迁移能力低。学生无法比较新情境与原有情境经验的异同点，不能将已学地理知识迁移应用于新的地理问题。

③ 解读情境信息能力低。问题情境丰富的信息，增加了学生提取和解读情境信息的难度和思维量。而去情境化问题的情境直接为地理知识本身，理解信息的难度小，学

生可以直接“套用”地理固有的解决模式,“直来直去”的方法,使得学生解决问题的难度大大降低。

(2) 原始情境化问题得分远远低于其他两类问题,说明原始情境化问题是最难的一类问题。因为原始情境化问题是现实中的真实问题,其情境是无序的,没有经过人为处理,综合性、复杂性较强,对学生核心素养要求最高。需要学生去伪存真、由表及里、仔细辨别、细致梳理,应用各种知识和能力,从纷繁的地理事项中逐渐洞察地理知识的本质和内涵,找到解决问题的途径和策略。

实验启示:

加强基础内容的教学,重视培养学生的比较分析能力和综合分析能力。不要将基础内容碎片化,而是要经过比较、综合,形成结构化的内容,提高其比较和综合思维能力。

设计分级情境,提高学生迁移应用能力。新课标将情境分为简单情境和复杂情境、熟悉情境和陌生情境等。在情境教学中,可以设计由浅入深的情境,学生逐渐学会在不同情境中灵活解读信息、解释现象、解决地理问题。

设计分层问题,指向深度学习。分层问题需要根据不同情境、培养不同的素养指向、不同的能力和观念等目的要求,设置不同层次的问题,引领学生由表及内,深入到地理问题的实质和核心。这就是问题链的重要作用。

三、三层情境化问题间的关系

从“原始情境化问题→结构情境化问题→去情境化问题”,情境化程度由高到低,抽象程度由低到高,这是情境化问题逐渐演进的过程,也是情境教学的一般逻辑顺序。如图 15 所示。

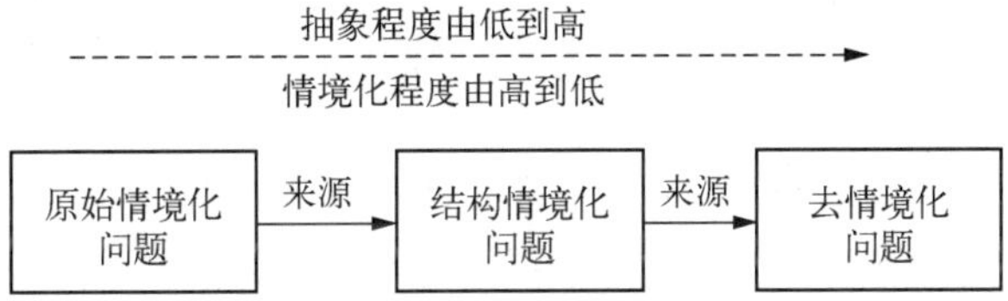

图 15 情境化问题分层关系

但平时教学中,在设计情境化问题时,有时并非按上面所述的情境教学逻辑顺序,而是按反过来的顺序进行教学:“去情境化问题→结构情境化问题→原始情境化问题”,这样学生可以由易到难地分层解决情境化问题。

先设计去情境化问题,让学生先掌握抽象的基础知识原理规律。去情境化问题虽然与实践问题较远,对学生迁移知识、创造力和实践力培养有限,但运用于学习初期可以加深对地理内容本质的理解和记忆。孤立地进行去情境化问题教学而不完成剩下两个情境教学过程，则纯粹以知识教学为中心，应该避免。

然后设计结构情境化问题，使学生掌握一定的解决实际情境问题的能力。结构情境化问题位于两个情境化问题中间的层级，兼具两者的优越性，既有抽象性，凸显了地理本质，又有情境化和实际意义。

最后设计原始情境化问题，学生将解决结构情境化问题的策略类推拓展至解决原始情境化问题上。学生在解决原始情境化问题的过程中，可以加深对地理内容的理解，但其实际情境更加复杂，问题难度更大，需要综合性的知识和能力，一旦无法完全解决，会产生畏惧心理。

完整的情境化问题教学过程，可以促进知识为本向育人为本转变。借助去情境化问题，评价学生是否掌握地理基础内容；借助地理结构情境化问题和原始情境化问题，应用思维结构性评价与表现性评价相结合，可以更好地评价学生迁移应用能力。整个情境化问题教学过程，是从高度概括化的抽象知识教学，逐渐向反映知识本质且有意义的情境化教学迁移，对学生核心素养的培养起到了积极作用。

第三节　优质地理问题设计、实施与评价

有价值、有深度的问题就是优质问题。综合多种观点来看，有价值、有深度的优质问题，有以下五项衡量标准：(1) 精准选择核心内容。(2) 内含认知目标和核心素养目标。(3) 情境、问题与核心内容融为一体。情境和问题中的核心内容特别清晰；情境还含有问题冲突。三者相融的主要目的是培养学生综合运用核心的知识、技能、价值观等解决真实情境中的真实问题。(4) 学生在多向互动、多感官活动中解决问题，可以观测到师生互动、生生互动合作行为。(5) 结论来源于对生活、对现实的探究，而不是全部直接取自教材上。

优质地理问题教学过程包括设计、实施和评价三大环节。问题设计和实施的质量，要依据上述五项标准来评价。问题设计的质量影响实施的质量，评价是对设计和实施两个环节进行评价。

一、优质地理问题的设计程序

设计优质的地理问题，需要经过五个程序：学习目标（据课标、教材、学情等要素制订）—梳理核心内容（包括主要的知识、图示、技能、思维）—确定认知层次（布卢姆的认知目标）—设计问题（使用含有行为动词、行为条件、行为结果等标准的语言表达形式）—构建结构化的情境。

现以鲁教版高中地理必修一《大气受热过程》一课为例，说明设计优质地理问题的程序。

1. 根据学习目标，准确选定核心内容

上述标准(1)说明，优质地理问题是针对地理核心内容设计的。因此，首先选准核心内容。新课标中有关“大气受热过程”的内容要求是“运用示意图等，说明大气受热过程，并解释有关现象”。结合教材内容、学情等，学习目标应该为：(1) 运用大气受热过程图，说明大气对太阳辐射的削弱作用和大气对地面的保温作用；(2) 结合有关自然现象和生产生活现象，解释其中蕴含的地理原理。所以，核心内容应该是大气受热过程图判读；掌握大气对太阳辐射的削弱作用原理；理解大气对地面的保温作用原理；归纳大气受热过程；综合分析有关自然和生产生活现象。核心内容不仅仅是知识，还应该包括可视化认知工具，如大气受热过程示意图。

2. 依据认知目标、课标和学情，确定核心内容的认知层次和核心素养目标

上述标准(2)说明，根据学生学情、课标和布卢姆的认知目标，选择核心内容对应的认知层次和核心素养目标：大气的削弱作用和保温作用是互相联系的，以理解为主，目的是提高综合思维素养；有关自然现象解释以应用、分析为主，达成人地协调观目标。有关核心内容的认知层次和达成的核心素养目标如表 26 所示。

表 26　核心内容的认知层次

核心内容	认知层次	达成的核心素养目标
大气受热过程图	理解	综合思维
大气对太阳辐射的削弱作用	记忆、理解	综合思维、学习兴趣
大气对地面的保温作用原理	记忆、理解	综合思维、学习兴趣
有关自然和生产生活现象	应用、分析	区域认知、地理实践力、人地协调观

3. 遵循设计程序：选定核心内容→设计真实问题串→设计结构性情境串

依据上述标准(3)，结合自身教学实践，可总结出教师设计问题的一般程序是：将解决真实问题作为学生的学习任务，把每个探究主题分成若干子问题(问题串)，再据此设计相应的情境串。问题串和情境串要体现核心内容，三者达到深度融合。问题真实且有意义和开放性，问题的情境是结构不良的、真实的、开放的、复杂的、有意义的，有一定的难度，有时间、空间、情节、问题冲突等。因此，可以将无结构、碎片化的内容变为结构化、情境化、有认知层次、适合学生探究的真实问题，有效激发学生探究兴趣。在此基础上，学生展开自主、合作学习，在探究这些问题过程中形成各种核心素养。教师可以按照“核心内容→真实问题串→结构性情境串”的顺序设计，但在呈现给学生时，顺序则是“核心内容→结构性情境串→真实问题串”。如表 27 所示。

表 27　情境串与相应问题串的设计

情境串	问题串
大气对太阳辐射的削弱作用形象化图示	说明大气对太阳辐射有哪些削弱作用？到达地面的主要是什么辐射？
大气对地面的保温作用原理形象化图示	大气主要是吸收地面辐射的哪两种物质？什么是大气逆辐射？
大气受热过程图	说出各类辐射的名称，归纳辐射在太阳、地面、大气之间的传递过程
阴雨天、晴天等昼夜温差大小等现象，农田在秋天防霜冻的办法等	解释其中蕴含的大气削弱作用和大气保温作用原理

二、优质地理问题教学的实施过程

课堂上，有时存在着教师自问自答的现象，忽略学生的主体作用，师生互动不强；学生之间各说各话，鲜有交流和辩论的机会，缺乏生生互动氛围。

上述标准(4)说明，问题解决的质量取决于师生互动和生生互动的效果。问题串主要有两类问题：一类是预设性问题，主要来自基础知识和主干知识；二是生成性问题，主要是在师生互动和生生互动中生成的新问题。师生互动，主要是教师提问、追问、监督、点拨、点评、总结，学生答疑、质疑、纠正等；生生互动，主要是指讨论交流、协作完成学习任务等。因此，实施优质地理问题教学方式就是以课堂上人人互动为核心。

1. 在师生互动下，教师引导学生解决问题

教师问法可以灵活变通，目的明确，要求全体学生参与，留给学生充分思考和发言的时间，有点拨和启发的过程，倾听并尊重学生表达观点，及时激励、纠正和点评学生发言，并对学生得出的结论进行总结、归纳、拓宽、提升。教师在问法上有以下两种策略。

讲究提问策略，培养学生学科能力。教师据主干知识提问，使各问题间有逻辑上的关系，培养学生因果推理、演绎归纳等思维能力，达到问题成串、知识成网、方法成套、表达成型的目的。

讲究追问策略，培养学生的问题意识。学生的想法有偏见与远见、片面与全面之分，教师不断追问，可以强化正能量，减少负效应，学生在被否定下获得经验，在被肯定中增强信心。在教师正向与反向、内向与外向的追问下，学生的思维活动和问题意识能被积极地调动起来。

2. 在生生互动下，学生探究问题和质疑问题

对学生探究问题的一般要求是：在自主、合作学习中表达自己的观点，注意倾听、补充和质疑其他同学的发言，能运用地理术语发言。

答疑与质疑是学生探究问题的两种可行方式。答疑主要是对问题内涵的表述，学生“答问”是“自己问自己”的过程，答得好可以增强信心，答得不好则是在鞭策自己。质疑主要是学生对问题逻辑的挑战。学生根据自己的优势分析疑点、提出见解、质疑教材、反问教师和其他学生。

师生互动和生生互动的目的主要是运用合作的方式解决真实的问题。在此过程中，学生历经问题背后知识形成的过程，在新旧经验“磨合”中，建构自己的知识体系，形成解决问题的技能和思维，提升自主学习的能力。从而真正实现将学习知识的过程，变为在复杂情境中灵活运用知识解决实际问题、完成合作交流的社会实践过程。

三、优质地理问题的评价与反思

各种测评形式结合，运用表现性评价，对问题的设计、实施等进行评价、总结、反思和改进。

1. 优质地理问题本身评价标准

优质地理问题本身设计的质量，主要从问题是否契合学习目标、情境、核心内容、认知目标、表述标准等方面来评价，涵盖了上述有关优质地理问题设计的前四项标准。主要评价意图是问题设计是否能使学习目标、核心内容、情境等各项达到融合统一。评价方式包括三种：教师自评、听课者评价、学生反馈（当堂反馈和课后作业反馈）。如表 28 所示。

表 28　地理问题评价表

评价项目	评价标准	教师自评	听课者评价	学生当堂反馈和课后作业反馈	总评与改进
问题与学习目标是否一致	是否符合学习目标相应的知识、技能、方法等要求				
	是否符合情感要求（如能引起学生好奇心和思考的兴趣）				
问题链是否有逻辑关系	问题是否有层次关系				
	问题链是否有递进、因果等逻辑关系				
问题是否体现核心内容	问题是否涵盖主要核心内容				
	核心内容在问题中是否清晰可见				
问题是否依托情境设计	问题用语是否都有依托的情境表述（图文表、视频、模型等）				
	情境类型与问题中的行为动词是否对应（如图示情境对应的行为动词为读图分析；实验情境对应的行为动词为观察分析）				

续表

评价项目	评价标准	教师自评	听课者评价	学生当堂反馈和课后作业反馈	总评与改进
问题是否设计认知目标	是否设计稍高于学生现有水平的各层次的认知目标，满足各层次学生参与的需要				
	学生表达结论是否反映学生的认知能力				
问题语言是否符合表述标准	问题用语是否符合语法结构				
	用语是否准确				
	意思是否表达清晰、指向明了				
	是否有地理术语				

2. 地理问题课堂实施评价标准

从教师层面、学生层面、师生互动层面来评价地理问题教学实施的质量。最主要评价标准就是上述第(4)项，即重视问题解决过程中的师生互动性和生生互动性。如表 29 所示。

表 29　地理问题课堂操作评价标准

评价项目	测评内容	测评方式			总评与改进
		教师自评	听课者评价	学生当堂反馈和课后作业反馈	
教师层面	预设的提问策略和实施方式在实际上是否有效				
	预设的自主和合作解决问题的方式在实际上是否有效				
学生层面	学生是否理解情境与问题的内涵				
	学生是否能够通过交流表达自己的观点				
师生互动层面	教师是否评价、点拨、归纳学生的观点				
	师生是否拓展、提升和生成更多的问题				

第四节　问题链设计与应用的理念

目前，问题引领下的解决问题为主的教学方式，在课堂上被广泛采用。新课标大篇幅专门提出“重视问题式教学”建议，并说明“问题式教学以‘问题发现’和‘问题解决’为要旨”，提倡设计有价值的问题链。以“问题链”引导学生思维，能充分发挥学生的主导作用。

地理思维能力发展，问题链是强力推进器。比如，较强的地理空间思维能力形成规律为：图图转换—图文转换—文图转换—综合分析。具体培养策略是：先设计图图转换的问题，如要求学生按照自己的理解，将抽象的水循环示意图画成更加形象的图示，提高学生对比思辨能力或比较分析能力；接着设计图文转换的问题，学生从水循环示意图中读出水循环原理，提高读图能力；然后设计文图转换问题，学生根据水循环的地理意义，画出某一方面的水循环地理意义图，提高空间构想能力；最后设计某一区域的水循环现象，分析其中人类活动和水循环的相互影响，提高综合分析能力。学生经历这样的思维发展过程，从低阶到高阶，纵向与横向交织，形成时空综合、要素综合和地方综合分析能力。

近年来，地理高考主观试题追求在同一主题问题下的大综合，侧重对地理问题的完整分析和对学生地理思维的深度考查。这就要设计问题链。

所谓问题链，是指为达成教学目标，根据学生已有知识和经验，结合学生学习可能产生的疑惑，将教学内容转化为层次分明、系统性强、关联紧密的系列问题。但是在目前课堂教学中，问题链设计存在两大现象：一是缺乏情境性。所设问题往往只是为了使学生对知识进行简单的回忆和确认，不重视设计认知冲突性问题，无法引起学生积极思考。二是缺乏逻辑性。数量多而杂，随意性大；各问题孤立，知识碎片化，无关联性，无系统性，无法形成结构性思维；过难或过易，缺少层次性；综合分析力低，缺失概括、推断、评价、创意等高阶思维问题。

实践表明，加强问题链情境性、逻辑性和开放性等方面的设计与应用，注意问题链的层次性、渐进性与总结性，可以有效避免上述现象和问题。对地理内容进行问题化设计，以问题链的形式呈现在课堂上，学生可在主动探索层层问题中获得满足感。

依据 2003 年版高中地理课标编写的人教版教材中，许多问题链体现了先进的教学理念，所以，下文所举实例均为该版教材中的问题链。根据《普通高中地理课程标准(2017 年版 2020 年修订)》(下文简称“新课标”)相关论述，结合 2003 年课标人教版教材中优质的问题链，将问题链设计和应用的理念，分述如下。

一、问题链的来源上，要有情境性

近年来，国内外教育界盛行“基于问题的学习”方法，看重设置复杂而有意义的问题情境，推动学生合作解决真实性问题，在认知、解读、分析、提炼、整合的学习过程中，掌握隐含在问题背后的规律，形成解决问题的技能和自主学习能力。一个有效的问题链，可以把学生带入问题情境，使其尽快进入思考状态。

新课标有关对问题情境设计的要求是：“问题的确定应考虑与实际情境相关联，……问题的设计，需要依托情境，建议在选择情境时考虑以下几个方面：贴近学生知识水平、生活实际和社会现实，使学生理解情境；蕴含问题，给学生提供探究的空间。”

（一）情境的丰富性

新课标认为，“将完整呈现问题和相应情境作为学生学习的基础和背景”。“核心素养应通过学生在应对复杂现实情境时的外在表现加以推断。”“复杂、开放性真实问题情境的创设，要拓宽素材来源渠道，而不只局限于学科渠道。”“要在分析地理学科核心素养水平表现的基础上创设情境，注意给予必要、充足信息。”这里的“相应情境”“复杂现实情境”“拓宽素材来源渠道”“必要、充足信息”等词语，意思应该是：从多个方面、多个角度提供给学生丰富多样的资料和信息，如图示、文字、视频、表格、声音、模型等，既凸显问题的真实性和复杂性，也为学生得出不同结论提供了全方位的信息来源，从而激起学生对问题的重新认识，唤起学生强烈的学习兴趣与学习动机。

如必修二第三章第一节案例“澳大利亚混合农业的形成”，提供了澳大利亚混合农业有关主要类型、发展情况、历史、对策等文字材料，图示方面有其人口分布图、降水分布图、气温分布图、小麦—牧羊带分布图，引导学生分析其特点和区位因素。教学中，还需要补充其他情境信息：如提供地形分布图、交通分布图等图示，得出上述图示中所没有的地势低平、交通便利等区位优势条件；播放其混合农业农场经营（如剪羊毛等）视频，得出其经营规模大、出品率高等特点。所以，情境越丰富、越多样，得出的结论就越全面、越立体、越接近真实。

（二）问题链的用语，应有情境性

1. 用语的生活化

新课标认为：“对于学术性情境，注意表达的通俗性，使之向生活化情境转化，既隐含内在学科逻辑，又贴近学生生活。”即问题要有生活化的情境。问题情境越贴近学生的生活场景，学生就越感亲切，越容易促进学生的情感认同与探究渴望。

多用生活化语言。如必修二第二章第三节设计的问题用语是：“你从哪些方面看城市化呢？”题干用“哪些方面”“看”，是日常用语，分别替换了专业性语言“城市化表现”“分析”。再如该章第一节有一个问题是：“图示的北京市各功能区分别以哪种功能为主，请分别给它们取个名字。”其中的“取个名字”即是生活化语言。

联系学生生活经验设问。以学生已有的经验为基础，在学生主动求知过程中学习，是建构主义学习理论的思想。如必修一第一章第四节的一个问题是：“想一想我们还可以通过哪些渠道或方法获取地球内部的信息？自己选择熟悉的情境来设计问题。”再如必修二第五章第二节的活动题是：“选择一条你熟悉的铁路、公路或一个车站，分析影响它们布局的因素有哪些？哪个因素起主导作用？”这两个问题都要求学生选择“熟悉”的情境来分析，学生熟悉的情境莫过于自己日常所见所闻的身边的现象和问题。

2. 用语的现实感

新课标强调：“把具体任务尽可能放在真实、复杂性的现实情境中。”紧密结合学生的生活实际和社会实际，引导学生思考现实问题，将学生关切的现实问题和教材重难点内容两者结合起来，打通地理与现实的连接点，才具有思维的深度和广度，方能设计出“问题链”里的真问题和好问题，让学生在解决实际问题中去运用知识和掌握知识，使学生学有所用，并获得丰厚而深沉的启迪。

设计学生关注和困惑的问题链，环环相扣，沿认知路径答疑解惑，层层递进、深入，可以避免面面俱到罗列结论，以理论的逻辑力量吸引和征服学生。

如必修二“问题研究：从市中心到郊区，你选择住在哪里”中，设计了问题讨论：“归纳一下，影响住房区位选择的因素主要有哪些？如果你的家人或亲属要买房，让你帮助选择，从市中心到郊区，你会选择住在哪里？为什么？”这个问题链用语将住房区位知识与解决住房区位选择的现实热点问题连接起来，能够引起学生学习相关内容和激起解决现实问题的欲望和兴趣。

3. 用语的通俗化

新课标在“试题情境”中说：“材料加工注重‘鲜活’，淡化‘专业’痕迹。”即将专业术语变为学生可以理解的语言。主要设计技巧如下：

增加提示性信息，降低学生理解难度。主要是提醒学生从哪些角度分析，使学生阅读图文时有重点、有目的，能得出具体信息。如必修二第三章第一节的问题是：“澳大利亚混合农业在生产结构、经营方式、科技应用、农业专业化和地域化等方面有哪些特点？”这一问题提醒学生从四个方面分析，使学生分析时有了具体方向。如果改成“分析澳大利亚混合农业的特点”，估计很少有学生能答出这几方面特点或者不知怎么分析。再如必修二第二章第一节有一个问题：“纽约市曼哈顿的建筑高大密集，这是城市 CBD 的共同特点。这样的建筑对于提高城市土地利用效率有什么作用呢？”前面一句为提示性情境，后面一句才是问题。所以，提示性信息，可以帮助学生降低解决问题的难度。

多用通俗语言。如必修二第三章第一节的问题是：“在澳大利亚混合农业地域形成过程中，有哪些因素在起作用？”学生一般都能够说出几个因素，但是如果改为“分析其区位因素”，虽然非常专业，但缺少具体情境化语言，学生不知从何说起。再如必修二第四章第一节的问题是：“大型钢铁企业转向沿海钢铁消费区布局，科学技术起了什么作用？”这里，不直接说“市场”和“转向沿海”，而说成“钢铁消费区”，增加问题的通俗性、情境性。必修二第一章第二节有一个问题是：“影响我国古代人口大规模迁移的因素，与影响我国近几十年人口迁移的因素有什么不同?”这一问如果改成“比较我国古代与近几十年的人口迁移的差异”,后者虽然简洁和专业,但缺少情境性和生活化味道。

避开专业表述。必修二第一章第一节设计了一个问题:“结合芬兰人口增长模式转变的实际,你认为哪个因素起主要作用? 各因素之间又是如何相互影响的?”这是通俗化的表述,有情境化、生活化,有提示性信息,加上“你认为”“哪个因素”又有了主观性和人文性。如果改成专业化的表述,则是“分析影响人口增长模式的主要因素及其相互关系”,这句应该出现在地理专家的专业论文或专业地理期刊中,而不能出现在教材中,因为学生不是地理专家,刚开始接触这些知识,他们对专业术语是一片空白的。因此,地理问题在叙述上,尽量避免专业化的表述,但又不能失去地理味。这就要创设生活场景且带有地理语言的情境。

再如,必修二第一章第一节设计的问题为:(1)农业革命前,人类主要从事狩猎和采集业,那时的人口数量和人口增长情况大致是怎样的? (2)农业革命期间,人口数量和情况发生了怎样的变化? 人口数量的变化与农业的发展有怎样的关系呢? (3)从 18 世纪后半叶的工业革命开始,世界人口增长又有明显加快,这是为什么? 这里使用了“为什么?”“怎样的?”“人口数量变化与农业的发展有怎样的关系呢?”,而不用“原因”“特征”“农业发展与人口数量的相互影响”等地理专业术语,可以使学生一开始就去思考本质内容。如果问题中出现这些专业概念,学生可能一开始就把重心放在对概念的理解上,而一旦对概念理解有偏差,就会影响对整个问题的思考。

与所学知识相联系。必修二第五章第一节的一个问题是:根据交通运输方式的特点,举例说明如何依据货物的类别和数量以及运输距离,选择合适的交通运输方式。该问开头即提示学生要运用所学课文知识中的交通运输方式特点。

再如第一章第一节有关模拟找外星人的活动题是:(1)生命的出现需要哪些条件? (2)寻找一颗什么样的恒星? (3)在这颗恒星周围的什么地方找一颗行星? (4)这颗行星需要具备什么条件? 第(1)问是考查对地理结论的归纳和掌握程度,或者基于学过的知识,即地球上生命存在的条件;第(2)(3)两问分别要求寻找类似太阳的恒星和类似地球的行星;第(4)问答案实际上是第(1)问的结论。此题考查的目的是:利用已学的地球上生命存在的条件,来类推其他有生命星球上应该具备的类似条件。

设计问题链时必须承上启下。首先,深入了解学生现有的知识基础和学习能力。其次,问题应处在已知和未知的衔接处,即在学生最近发展区水平的基础上,把学生引向对新知识的学习。因此,设计的问题难度略高于学生的现有发展水平,学生必须经过努力才能使知识与能力得到较快提升。

新课标在“教材编写建议”中认为,“以学生认知规律为路径,优化地理教科书的框架结构”,即重视以学生的认知水平和知识基础为起点来进行教学设计,认知逻辑和学科逻辑必须兼顾。

（三）情境的学术性

在新课标叙述中，学术情境是三大地理试题情境之一。它应该是指提供地理专业性图示、文字或表格信息，要求写出带有地理专业术语的答案。如必修二第三章第三节活动题提供了西欧地形和气候类型分布图、西欧四国2001年城市化水平表格数据、西欧多数餐桌上都能找到的乳畜产品照片、“西欧的乳畜业”文字内容，要求分析问题是：(1)分析西欧乳畜业的形成因素。①饲料因素：为什么西欧有适于养牛业需要的多汁牧草？②市场因素：为什么西欧对乳畜产品有很大的需求量？(2)分布和生产经营等方面的特点。(3)比较与阿根廷大牧场放牧业区位条件的异同。这里的地形、气候、城市化、乳畜等有关资料都是地理情境，而要求分析的因素、特点、区位条件，以及运用的读图、比较等方法，都是地理专业化的信息、概念、思维和方法等，是地理学术性情境。当然，地理学术性情境与地理通俗化情境并不矛盾，学生初接触地理术语时，可以使用通俗化情境，但当学生熟悉了某些地理概念和规律后，可以设计学术性情境。上述学术性情境就是在学生学完第一、二章相关术语和思维方法后设计的。

通俗化与学术性是不冲突的，前者侧重语句的表述方式，后者侧重运用地理专业语言。当学生已经有相关地理基础时，可以使用地理学术性情境。

二、问题链呈现的形式上，要有技巧性

1. 问题链设问的灵活性

当呈现两个及以上类似案例时，为避免每个案例的设问雷同，各问题在用语、设问角度上应该灵活多变。如必修二第四章第三节有关对鲁尔工业区案例问题的设问是：(1)分析归纳鲁尔区优越区位条件；(2)分析归纳其衰落原因；(3)分析辽中南工业区位优势条件；(4)影响其区位选择的主导因素是什么？比较两者区位条件的异同。同样分析有利区位条件，第(1)问是分析“优越的区位条件”，第(3)问则是分析“区位优势条件”，第(4)问要求用比较法将两者区位条件区分开来。同样分析区位因素，第(4)问要求分析主导因素，而不是众多因素。

依据教学目标、学生的认知结构和能力水平，将复杂的主干问题，拆解成更多、更细小的子问题，通过一系列子问题的探究，最终完成主干问题的解决。主要有如下两种方法。

按认知规律，设计小步问题。如第四章第二节的活动题是：(1)温州乡镇企业与意大利新工业区的发展有什么相同之处？(2)两者有什么不同之处？(3)就解决温州乡镇企业发展中的问题提出合理化建议。第(1)问到第(3)问，从比较相同之处到比较不同之处，再到解决措施，是一步一步设问的，逐层深入，而不是平时常见的一步到位的问题：比较两者异同点和问题的解决措施。

将整体内容拆分成具体小问题，并给予提示性信息。如第二章第三节的读图思考题是：请从以下几个方面分析发达国家和发展中国家城市化发展的差异。(1)城市化水

平有什么差异？城市化快速发展的时间有什么不同？(2)1950 年前后，城市化发展速度有什么差异？(3)试简单分析这些差异出现的原因。我们平常一般设问时会将上述三问合并成一问：分析两类国家城市化水平、速度、起点的差异，或者干脆直接设问：比较两类国家城市化特点。后者设问，虽然只有一句话，但笼统、概括，学生不知道“特点”包括哪些，只好以笼统的答案来应对。而将其分成三个小问题，意在引导学生逐步读图，从曲线图的具体细节上读出变化特点，使学生得出的答案更具体细致。小问题中所用的关键词有利于学生得出具体结论。如问题中提到的“1950 年”，这是时间的转折点，也是使学生悟出具体变化特点的关键词。

2. 问题链的实践指导性

问题链分步教会学生实践活动。人教版教材的实践活动问题链往往列出操作要点，体现了问题的指导性。如必修二第二章第一节的活动题是：分析本省或某一区域不同等级城镇服务的差异。(1)查找该区域城镇分布图；(2)据人口规模给每个城镇分级，并概括服务功能；(3)统计各级城镇数目及其平均距离；(4)总结城镇等级与服务范围、空间分布的关系。该问题链提出问题在前，给出活动方法在后，使得活动目标清楚，活动过程和方法易懂易做。四小问分别从查找、概括、统计、总结各个能力方面，给出具体实施要点，由浅入深，学生按步进行，能从各个方面得出全面的结论。

3. 问题链的条理性

增设小标题，使问题链眉目清楚。如上述“情境的学术性”所举的问题链，第(1)个问题分为两个小问题，每一个小问题都明确写出小标题：饲料因素、市场因素，这就是分析的目标：两个主要的形成因素，也是答案的关键词。要求逐个因素进行分析。这样使得分析的目标十分鲜明。

设计问题链的线索，使各问题间联系清晰。在上述“避开专业表述”所举必修二第一章第一节实例中，三个问题按照时间线索来分析人口增长特点和原因，使得人口增长的阶段性非常清晰，每个阶段的特点、原因有一个连续性和差异性上的比较。

三、问题链内容上，要有结构性

新课标多处强调问题链要体现地理内容的关联性和结构性。在教学建议“重视问题式教学”中，明确说明：“问题式教学是用‘问题’整合相关学习内容的教学方式。”问题链内容的结构性来源于以下两方面。

1. 按思维逻辑，建立与问题关联的知识结构

新课标认为：“在解决问题的教学过程中，教师应引导学生运用地理的思维方式，建立与‘问题’相关的知识结构。”即运用思维建构知识结构。“不论是演绎学习还是归纳学习，都要使学生能形成一定的地理知识结构框架，并解决地理问题。”即能够运用知识结构来解决地理问题。“‘问题’的设计……体现关联性，让学生在一个贯穿全过程的情境中经历地理思维发展的过程。”即建构知识结构的过程，就是地理思维能力提升的过程。“注重地理知识间的内在关联性，并将所学内容有逻辑地整合成可操作的学习链条。”即以问题链来整合关联性知识。新课标在“开展思维结构评价”中说，用填空题和选择题来测试，容易形成零碎的知识点，而运用思维结构评价方法设计问题链，能使学生完整地认识地理问题。

如设计从归纳思维到演绎思维的问题链。必修一第一章第三节根据时区和国际日界线图设计的问题链是：(1)在图中找出国际日界线；(2)地球上哪一个时区的时刻最早？哪一个最迟？为什么？(3)分析自东12区进入西12区，或自西12区进入东12区，日期是怎样变更的？(4)与同学谈谈从哪些方面还可以感受时区和区时的存在。前两问要求学生通过读图来总结有关时区和日界线的结论，属于归纳思维；后两问意在应用这个结论，属于演绎思维。

2. 按学科逻辑，建立与课标和教材关联的知识结构

新课标指出：“‘问题’的设计……与课程标准和地理教科书联系，便于学生找到基本的依据和资源。”即依据课标和教材图文来设计问题链。“问题的确定……可以覆盖若干条内容要求或教科书的若干章节，围绕问题，使教学内容的结构化与关联性更加突出。”即问题链应该使各部分内容相互联系，形成结构化和综合性内容。上述可以归纳为：主要围绕教材重难点内容设计问题链。如果问题链不指向关键问题，重难点不深入不精准，学生就不能真正把握概念的本质，不能突破重难点问题。

如必修一“问题研究：为什么市区气温比郊区高”设计了三个问题：(1)热岛环流产生的原因是什么？(2)这种环流会对市区大气污染物的扩散产生哪些影响？(3)我们应该如何避免这种影响？这三个问题分别要求学生分析原因、影响和对策，这是人地关系系统性知识中的三个重要内容，相互联系，不可分割，形成一个整体。同时，学生从问题的解决中学到区域问题分析的方法：寻找区域问题—综合分析原因或因素—评价相互影响—提出解决方案，循着这个思路，能够逐层深入分析，触及区域地理的本质。

四、问题链思维上，要有逻辑性

问题链的设计，必须从宏观上把握教材，保证各问题环环相扣、层层推进、前后呼应，链接关系才能清楚有序有效。这种链接关系主要有因果、并列和递进等逻辑关系。

(一) 问题链的并列关系

1. 空间上，不同区域案例问题链的并列性

主要有以下几种并列方式。

(1) 由身边的小区域案例类推到大区域案例。从家乡案例引申到外地案例，这是由近及远的延伸思路。如必修二第一章第一节的活动题：① 如果你的家庭有跨省界(国界)移动的历史，说一说每一次移动给家庭带来的影响。② 近些年来，我国有一些科技人员、工人、农民迁往东南沿海地区定居。这种人口迁移对迁出地和迁入地产生的影响是否相同？为什么？第①问是分析家庭的人口迁移影响，第②问是分析我国现代的人口迁移影响，由家到国，由身边到远处，大小区域结合，生活与经济结合，以此培养学生的家国情怀。

（2）中外区域案例结合。必修二第二章第二节先展示一个外国区域案例：荷兰圩田居民点的设置，接着要求分析中国区域案例：分析本省或某一区域不同等级城镇服务的差异。必修二第三章第三节先要求分析潘帕斯草原大牧场放牧业区位条件、特点，再要求分析我国内蒙古、新疆等地区能否采用这个模式。中外区域案例问题链结合的主要目的是：借鉴外国成功的城镇规划和农业生产经验，更好促进我国相关方面的发展。

必修二第四章第三节有关工业区位案例，更多地采用中西案例相结合的问题链。如先给出美国"硅谷"案例，在设计的问题链中又加入了北京中关村的案例，要求分析中关村的优势、问题，并比较中关村与美国"硅谷"的异同点；在呈现意大利中部和东北部工业区案例后，又设计了温州乡镇企业案例，要求分析两者异同点及合理发展建议；在给出德国鲁尔区案例后，又设计了辽中南工业区案例，要求比较两者区位条件的异同。各区域案例设计问题的角度不同，既避免雷同，又使设问更加灵活化、专业化，还培养了多种思维能力。

（3）由远区域到近区域设问。主要是先介绍世界或中国其他地区的案例，然后再要求学生联系家乡的情况。如必修二第三章第一节在设计"环地中海地区的农业变迁"案例问题链后，要求学生分析家乡农业区位因素变化对农业区位的影响。人教版教材根据中国其他地区案例来启发学生回答有关家乡的问题链较多。如必修二第二章第一节的一项活动题是：先要求学生读图分析香港功能区类型及其分布特点，然后要求分析家乡或熟悉的城市功能区类型及其分布特点。近区域主要是指家乡，远近区域结合，利于学生从认识家乡开始认识外地和认识世界，即从熟悉情境和问题，再类推外地情境和问题。

（4）由大尺度区域到中小尺度区域设计问题链。如必修一第二章第二节的活动题是：先分析东亚冬夏季风风向、性质及成因，再举例说明季风给我国带来哪些影响。大区域是东亚，中区域为我国，两个问题使两个不同尺度区域案例相互联系和相互渗透。

2. 时间上，长短维度上的并列性

如必修一第一章第二节的活动题：根据1985—2000年太阳黑子数变化折线图、18世纪以来太阳黑子数变化曲线图，所设计的问题链是：(1)1985—2000年太阳黑子数经历了什么样的变化？(2)18世纪以来太阳黑子数经历什么样的变化？(3)这些说明太阳黑子数变化具有什么特点？请撰写短文进行简单的论证和说明。第(1)问是短时间维度，第(2)问是长时间维度，第(3)问则是对前两问进行归纳和总结，得出共同结论。长短时间相互结合，从而验证了太阳黑子长期的普遍性与短期变化的特殊性。

（二）问题链的因果关系

成因上的内在联系。如必修一第二章第二节的一项活动题是：先分析亚洲冬夏气压中心的成因，再分析其位置和分布特点成因；另一项活动题是：先分析东亚冬夏季风风向及成因，再分析冬夏冷暖干湿状况及原因。每项活动题的两问都是要求分析成因，而前一个成因又是后一个成因的基础和本源。这种设问可以由浅入深，循序渐进。

问题链注重提升多种思维。主要提升逻辑思维、综合思维、比较思维和知识关联性思维。如必修二第四章第一节对鞍钢和宝钢案例设计了三个问题，第一问要求比较两者区位最大的差异，意在分析区位因素，特别重视分析最主要的差异，或者运用比较法分析区位差异；第二问要求分析科技因素在钢铁企业转向沿海中所起的作用，意在突出科技因素的作用，这是在分析影响因素，特别是分析主要因素或主导因素；第三问是分析科学技术的进步使哪些工业区位因素发生变化，特别是教材为第三问设计了知识结构联系图，要求学生填空。这个结构图意在给出提示信息，显示各因素间的相互关系，目的是训练综合思维能力。这三个问题设计的思路是：分析区位条件或区位差异→分析影响因素或主导因素→分析各因素间的相互关系。意在强化逻辑思维能力。如图16所示。

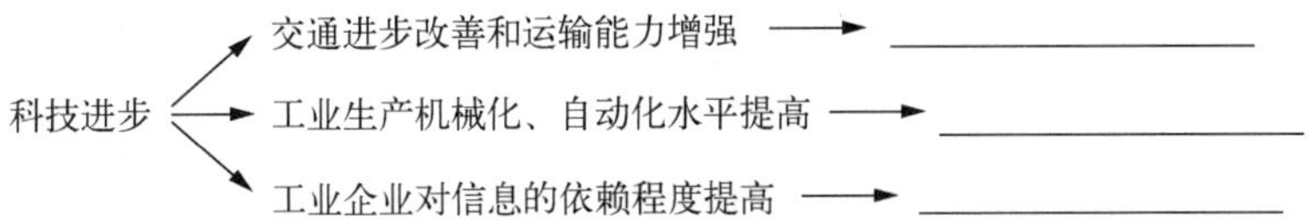

图16　各因素间的联系

问题链突出主要因素或主要原因。必修一第三章第二节设计的问题链是：(1) 季风水田农业地域类型的形成，与这里的地形和气候有什么关系？(2) 水稻种植业是一种劳动密集型农业，这里有与之相适应的劳动力条件吗？(3) 季风水田农业的形成还可能受哪些因素的影响？第(1)、(2)问主要因素为地形、气候、劳动力，两个问题主要突出这三个因素对水稻种植业的影响，第(3)问是让学生了解还有其他因素的影响。该问题链既突出培养综合分析思维，又突出主要因素的作用。

“问题”内容与“措施”内容对应。如必修二第二章第三节设计的问题是：(1) 据计算结果(城市人口每年增加)，结合你的生活体验，说说城市化会给地理环境带来怎样的压力；(2) 试提出缓解这些压力的措施。虽然教材给出了城市问题，没有给出解决措施，但是问题和措施之间是一一对应的关系，如交通拥堵、住房紧张、环境污染等，对应措施分别为改善交通和住房条件，治理环境污染和美化环境。

由果索因的问题链。此类问题链有两类：一类是三段式分析，先要求分析地理事实(如分布等)，然后是分析特征和变化规律，最后分析成因。如必修二第二章第二节的一项活动题，先要求分析城镇分几个等级，然后分析城镇级别、数目、距离间关系，最后分析原因。再如，必修二第一章第一节要求绘出1950—2000年各大洲人口数量增长柱图，然后要求比较各洲人口数量增长的区域差异，再分析原因。另一类是两段式分析：先分析事实，再分析成因。如必修一第二章第二节的一项活动题是：先分析北美和西欧温带海洋性气候分布范围差异,再分析前者分布特征成因。

现象、原因和特征的关联性。即从现象到原因再到总体特征的逻辑分析过程。如必修一第一章第二节的活动题是:据“北半球大气上界太阳辐射分布的柱图、热带雨林和亚寒带针叶林生物量的差异柱状图”,提出多个问题:(1)到达大气上界太阳辐射的分布有什么规律?(2)热带雨林和亚寒带针叶林生物量有什么差异?(3)问题(1)(2)有无相关性?(4)描述两个地区的自然景观差异。(1)(2)两问是分析现象(分布、特点等),(3)问为分析内在联系(成因),(4)问为分析在前两项影响下形成的总体特征。

五、问题链教学的过程与结果,要有开放性

研究表明,无论是新手型教师还是专家型教师,在课堂提问中封闭式提问都占多数,开放式提问居于少数。而学会设计开放性问题链,能使学生更完整地认识问题。

1. 新课标对开放性问题链的要求

新课标多处强调设计开放性问题链,“为了评价学生的核心素养,要高度重视复杂、开放性真实问题情境的创设”。主要有以下要求。

在设问上,要重视设计没有标准答案的问题。新课标有三处涉及此类要求:“教师要特别关注开放性的没有标准答案的问题。”“凡是基于真实问题、开放式问题、尚无现成答案问题的教学,可视为问题式教学。”“教科书的结构在体现学科性的同时,更应体现教学性和开放性。”这里的开放性,必然包括开放性问题。

在过程上,注意开放性问题的生成,以发展学生思维为主。新课标有两处提及此项能力:“注意学习链条的设计只是预设,实际学习过程的展开要以学生的思维发展为线索,避免教师用问题过度‘牵引’学生的现象。此外,还要关注课堂生成问题,促进、激发学生发现问题、提出问题。”“要提倡和鼓励学生呈现开放性思维,具有创新性表现。”

在学生活动上,需全员参与解决问题,提高综合思维能力。“让所有学生参与问题解决的整个过程,即使在分组学习时,也要避免每个小组仅负责解决问题的某个方面或某个环节的现象,以保证对地理问题的全面认识和综合思维训练。”我们平常的小组分工活动显然不符合新课标理念,而应该全体参与,小组可以侧重表达和展示。

在评价上,主要运用思维结构评价,使学生综合思维和全面思维外显。新课标有三处涉及有关开放性问题的思维结构评价方法。第一处是:“提供给学生开放式问题,让学生回答问题的思维过程可见,形成学习结果。”第二处是:“这就需要教师在日常教学中给学生更多表达看法的机会,以使学生地理思维过程和真实状态外显。”就是说,给学生回答问题的机会,可以发现学生思维中的问题。第三处是:“前两次测试(注:指开学测试和期中测试)获得每个学生的思维结构现状后,教师可设计有针对性的教学方法,帮助学生不断完善思维结构。”即根据学生思维中的问题,设计对应的问题链。

在学生解决开放性问题中,高水平的思维具有关联结构和拓展抽象结构。在新课标的表述中,综合思维核心素养最高水平(水平4)是:“运用要素综合、时空综合、地方

综合的分析思路,对其进行系统性、地域性的解释。"综合思维是:"指人们运用综合的观点认识地理环境的思维方式和能力。综合思维素养有助于人们从整体的角度,全面、系统、动态地分析和认识地理环境,以及它与人类活动的关系。"区域认知核心素养最高水平(水平 4)是:"能够较全面地评析某一区域决策的得失,提出较为可行的改进建议。"上述各句的关键词有"综合""系统""整体""全面"等,都是开放性问题需要达到的各种思维能力。所以,衡量学生思维是否具有关联结构和拓展抽象结构,主要看其是否能够全面认识问题,而设计开放性问题能训练其全面思维。

2. 开放性问题链的类型

通过整理 2003 年高中地理课标人教版教材中的问题链时发现,开放性问题链有生成类开放性问题链和选择类开放性问题链两大类。

(1) 生成类开放性问题链。即开放性问题的解决离不开问题的生成过程。主要包括以下三种形式。

问题生成需要多维互动,激发学生的全面思维。鼓励学生质疑,学生在思考和解答问题的过程中,进一步生成自己的、新的、有意义的问题。在多元、开放的教学环境中,教师与学生积极互动。在实时反馈中,教师可以不断调适课前的预设课程,回应学生动态生成的问题与观点,使学生的思维得以全面充分地展示和发展。

问题生成需要学生表达个人观点。在题干中加上"你认为",能够引导学生说出自己真实的想法。如"从以上计算结果中,你能得到什么启发?""请你谈谈自己对可持续发展的理解"。这类问题是不定向的,学生说出的想法不能用统一的标准答案来衡量,因而有多种多样的结论。

实践探究活动是问题生成的重要途径。必修二第三章第二节设计了查阅和分析资料活动:以中国为例,说明应该寻找和运用哪些资料,解释我国南方水稻产区形成的原因。活动步骤:① 列出资料清单;② 运用这些资料说明问题。该问题链中的"列出清单"会列出很多种信息,对应着多种原因,因而会有多样化的组合方式。

(2) 选择类开放性问题链。主要包括以下四种形式。

角度选择类开放性问题链。提供多种数据,由学生任选一个角度思考。如必修二第一章第一节的活动题是:提供 1950—2000 年各大洲和地区人口数量增长柱图,任意选择两大洲或地区,从人们的生育观念、生活质量、经济发展水平等方面分析差异的原因。该问题链表面看是一个问题,其实隐含多个不定向的问题。因为任选两个大洲或地区,会有多种组合,就会有多个问题。学生会根据自己对各大洲的熟悉程度和新学的知识,参考问题中的图示,运用比较法分析差异及其原因。教师可以根据不同学生的分析结果,对多样化的原因进行全面归纳。

评价选择类开放性问题链。此类问题给出两个或两个以上的方案,由学生任选一种评价。如必修二第二章第三节有一项活动题:对城市绿地系统的模式任选一种,从优点、缺点和改进建议方面进行评价。此问题链的后面一句是提示性信息,具有指导性,目的是教会学生学会从哪些方面来评价。再如第二章第一节活动题是:评价两种居住区和工业区布局方案哪一种较合理,说明理由,给出自己的意见并标注在图上。它们均是利用所学知识和读图能力来评价的,答案应该是多种多样的。

案例选择类开放性问题链。从所给案例中选一个案例来重点分析对应的问题。如必修二第一章第二节先后给出两个案例:美国的人口迁移和我国古代的几次人口迁移,然后设计的活动题是:从上述案例中任选一个,进行重点分析:(1) 哪些因素促使美国成为一个移民国家?哪些因素导致了美国人口在本土范围内频繁迁移?(2) 影响我国古代与近几十年人口迁移的因素有什么不同?为什么有这样的不同?这需要学生在充分阅读和理解两类案例后,根据自己的能力选取其中一个问题思考。

观点选择类开放性问题链。问题链的情境列举多种观点,让学生选择判断。如必修一第五章第二节的活动题是:我国西北有人主张造林,有人主张种草,有人主张种灌木。哪种主张合理?说明理由。再如必修一第一章第四节的活动题是:地理学家认为,人类生活的地球表层……具有三个特点:第一,它是一个开放的系统,……第二,它是一个不均一的层面,……第三,它在不断变化着。① 你如何理解上述观点?试选择其中一点加以解释。② 你认为要真正认识人类生活的地球表层,需要了解哪些方面的知识?把它们列出来,提交给教师。上述第一个问题链是由果索因,第二个问题链是对结论进行深入探究,因为是只选择其中一个观点来说明,学生思考的角度是不同的,所以会有多种解释。该类问题链会促使学生积极思考,在共同交流中开阔眼界。

六、问题链蕴含的价值观上,要有思想性

问题要有地理思想。如地理事物变化的思想、整体性思想、综合联系思想、人地协调观等。据新课标,主要的地理思想是人地协调观,因地制宜、因时制宜、综合联系等思想也属于这一观念。如必修二第六章第一节的读图思考题是:这些扩大耕地面积的方法会带来哪些负面影响?你认为这些影响在短时期内能消除吗?耕地面积虽然扩大了,但是并没有像人们期待的那样解决了吃饭问题,反而越来越贫穷,请你讲讲其中的道理。学生在探讨该问题链的过程中,逐渐接受的地理思想是:当人们向环境索取资源的速度超过资源及其替代品再生速度时,就会有资源短缺和生态破坏等环境问题。

综上所述,问题链设计与应用的理念有:明确指向教学目标,指向学科核心内容,具有真实情境性、内在逻辑性、开放性和思想性,能够引领学生探究,符合学生心理认知特点。学生在逐层深入完成问题的过程中,能够将零散知识整合成结构化的内容,发展多种思维,形成解决问题和自主合作学习能力,满足学生多重获得感。

第五节　地理递进问题链设计的理念和模式

一、递进问题链设计的理念

高中地理新课标(2017 年版 2020 年修订)中的“问题式教学”认为，应让学生“能够由表及里、层次清晰地分析问题，合理表达自己的观点”，“围绕问题设计不同层次的问题链条”。

设计递进问题链很有效。设计的理念有两点。

1. 深刻性

肤浅的问题链无法引起学生探究的兴趣。它一般有如下两类：一类是要求复述教材内容的问题链，思维简单，答案唯一，学生毫无兴趣可言，难以抓住教材核心内容，学生的学习期待受挫，很难实现高层次目标。另一类是陈述性知识问题链，如用“是”“错”来让学生回答，设问太浅，流于形式，学生一看就懂，随口而出，没有思维含量，无法引起学生积极思考。所以，问题链不能要求对教材知识点的浅层阅读，而应指向深度学习。

2. 递进性

递进问题链是程序性知识问题链，符合学生认知逻辑和心理特点，呈现“分层式”或“阶梯式”，由易到难、由已知到未知、由现象到本质，逐层深入，有一条清晰的线索串起问题和相关内容，前后连成一体，引导学生运用分析、比较、综合、归纳和演绎等思维方法，逐步帮助学生掌握核心内容。

二、递进问题链的一般模式

递进问题链中的各问题作用各不相同，按逻辑顺序分别为：情境引入性问题、体验感悟性问题、探究创新性问题、诊断归纳性问题、延伸应用性问题，相应地，在学生分别理解情境、实践活动、互动合作讨论、建构整合知识、迁移拓展应用中，经历着探究地理问题的历程：发现问题、实践探究问题、理论探究问题、解决实际问题，发展多种思维能力，如形象思维、综合思维、创新思维、归纳思维、抽象思维、演绎思维等，最终达到教学目标。递进问题链的课堂教学整体模式如图 17 所示，各问题的设计分述如下。

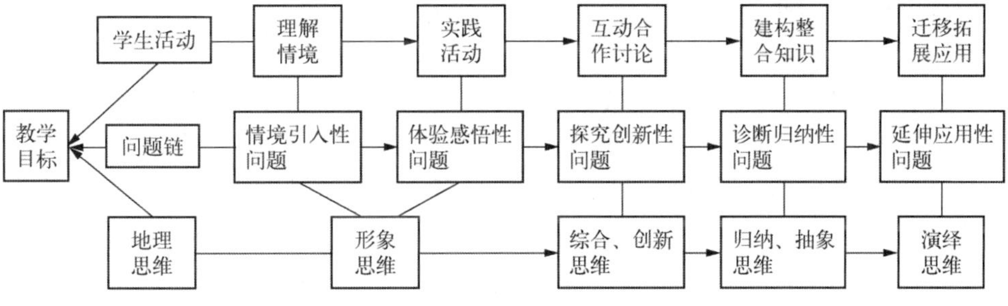

图 17　递进问题链的课堂教学整体模式

1. 情境引入性问题

新课标强调:“要引导学生在充分理解情境的前提下展开学习。”因此,此环节问题是让学生在理解情境的过程中能够发现新的问题。它是递进问题链的起点,目的是为了使学生熟悉所给的情境,引起学生的注意和思考,激发学生探究兴趣。如 2003 年人教版必修一第二章第三节“低压(气旋)、高压(反气旋)与天气”活动题,第(1)问是:从中心气流的运动状态看,气旋与反气旋有什么差异?学生必须认真读懂气旋图与反气旋图,方能正确作出解答。

2. 体验感悟性问题

所设计的问题主要是要求学生开展实践活动或动手活动,学生在活动中能够获得感性认识,为随后探究各项问题做好准备。如 2003 年人教版必修一第二章第一节“热力环流”活动题,要求学生动手做热力环流实验,并观察烟雾飘动规律。先动手获得亲身体验,然后再观察感悟原理,符合人的认知规律。

3. 探究创新性问题

新课标认为:“问题的呈现,要利于学生发现未知,激发学生学习和探究的兴趣,利于学生创造性地解决问题。”此类问题是针对重难点内容而设计的,经过学生自主独立发现问题,再讨论交流,培养其探索精神和创新能力,是问题链的核心问题。主要可设计如下两类问题。

一是设计生成性问题。所设计的问题,应该是弹性化问题,没有标准答案,回答思路开阔,能调动学生学习的主动性和创造性,结论是动态生成的。此类问题有时是整个递进问题链中的核心问题,可以培养学生的发散思维。如 2003 年人教版必修一第四章第三节对“黄河三角洲的发育”案例的设问是:从黄淮海平原的资料中,你能获得哪些信息?学生可以从各自角度进行理解,能够给出多种多样的答案。一般措施类问题多属于生成性问题。下文还要论述此类内容。

二是设计认知冲突性问题。设计地理事实与学生经验相悖的差异性情境问题,能引发学生强烈的心理认知冲突,吸引学生注意力,激发探究的兴趣和情感体验。如 2003 年人教版必修二第三章第一节的活动题是:为什么水稻生产主要分布在热带、亚热带、温带季风气候区,而不包括地中海气候区?这种分布上的差异,会使学生自觉探究自然原因(降水季节)和人文原因(人口和劳动力)上的不同。

4. 诊断归纳性问题

围绕重点、难点、疑点和错点,设计相应的问题链,用于诊断纠错和总结归纳,建构整合关联性的知识,形成系统的知识结构。主要可以设计如下两类问题。

其一,诊断性问题。所设计的问题,使学生充分暴露易错点和弱点,指导学生在纠错中获得真知和技能。需要学生提前自主学习,教师在了解学情后方能设计出此类问题。

其二,总结归纳性问题。课堂小结时设计此类问题,可以让学生对学过的分散和孤立的知识进行归纳总结,引导学生对知识进行分析、比较,从而形成一个有内在联系的、结构化的知识网络。有以下两类归纳方法。

从整体上归纳结论。如2003年人教版必修一第一章第三节的活动题设计思路是:给出二分二至全球昼长和正午太阳高度分布图,分别设计三个问题,每个问题的问法一致:太阳直射哪个纬度?全球昼长有什么分布规律?正午太阳高度有什么分布规律?极昼和极夜分别出现在哪些地区?每一个问题都注重从全球角度来观察昼夜长短和正午太阳高度分布规律。而其他版本教材则是分南北半球来叙述昼夜长短变化规律,将地理规律零碎化,不易使学生建构完整的知识体系。

运用比较归纳法。对于多个同类案例的问题链,各问题用语为避免雷同,一般从多个角度设问,重点将各个案例进行比较,提高比较和归纳思维能力。如2003年人教版必修二第三章第二节对季风水田农业案例的设问是:先要求分析影响因素,然后要求从实践活动角度解释我国南方水稻产区成因。接着对美国商品谷物农业案例的设问是:(1)参照水稻种植业特点和方法,归纳其特点。(2)与季风水田农业比较,分析最大差异的条件。主要设计思路是:先是按逻辑结构对第一个案例进行小步骤设问,属于常规性问题,思路较为简单;在分析第二个案例时,设问与第一个案例不同,要求归纳、比较两个案例,能力要求较高,内容挖掘较深。

再如,2003年人教版必修二第四章第三节先后呈现了四个类似案例:(1)意大利新工业区,(2)温州乡镇企业案例,(3)美国“硅谷”案例,(4)中关村案例。在呈现第(2)个案例后,要求比较它与第(1)个案例的异同点;在呈现第(3)个案例后,要求比较它与第(1)个案例区位因素和生产特点的异同点;呈现第(4)个案例图文材料时,所设计的问题是:与美国“硅谷”相比,中关村发展有什么相同和不同之处?可以看出,各案例问题逐层递进,案案相接,第(1)个案例问题是常规设问,而其他三个案例问题则全部运用比较归纳法,而且比较的内容和方式不同,发展学生的思维能力也不同。

5. 迁移应用性问题

主要设计两类问题:一类是设计实际问题,用所学知识与经验解决;或者用于验证与矫正所学地理规律和原理。另一类是设计延伸性问题,让学生将已学知识和能力迁移到新的情境中,同时拓展学生的视野。如2003年人教版必修二第三章第三节对“潘帕斯草原的大牧场放牧业”案例设计的第(3)问是:我国内蒙古、新疆等地区能否采用潘帕斯草原大牧场放牧业的生产模式?这一问就将该案例延伸应用至我国的牧区。

递进问题链设计举例

富士康公司曾为苹果和华为两大世界公司加工手机零部件,富士康在祖国大陆的加工厂有超过百万人就业,后又在2018—2019年投资百亿美元在美国建设分厂。

(1)富士康加工厂在全球有什么分布规律?

(2) 你的手机有哪些零部件？技术含量怎样？你怎么确定每件来自哪一个工厂？

(3) 工厂都在向落后地区转移，以便降低人力成本，但为何富士康公司要把工厂迁往发达的美国？

(4) 影响手机代工厂选址的主要因素有哪些？

(5) 分析华为公司为何把总部设在深圳？

第(1)个问题是情境引入性问题，教师提供工厂分布地图，此问的目的是要求学生熟悉地图情境；第(2)个问题是体验感悟性问题，学生可以利用手机上的查询功能，亲自体验做的过程；第(3)个问题是探究创新性问题，虽然发达地区人力成本很高，但可以少用劳动力，利用智能化生产的趋势，降低生产成本，所以打破常规，反其道而行之，这就是创新性问题；第(4)个问题是归纳性问题；第(5)个问题是迁移应用性问题，将对富士康公司的分析类推到华为公司。

其实，上述的递进问题链的设计遵循发现问题→分析问题→解决问题→发现新问题的知识和思维发展过程。如教师呈现背斜山、向斜谷、背斜谷、向斜山地貌，然后向学生提出四个层次的问题：(1) 发现问题：从图中你发现什么？(2) 分析问题：地貌异常的褶皱在岩层构成上有何差异？(3) 解决问题：如何判断背斜、向斜？(4) 发现新问题：造成这种差异的原因是什么？

上述问题链模式只是一般性的设计思路，实际应用时，并非都要严格遵循逻辑顺序设问，各个问题可以有所缺项，要根据问题情境、重难点内容和学生最近发展区来确定设计哪些问题。

第五章 问题活动化:育人理念“落地”扎根发芽

第一节 学生活动理念就是深度学习理念

一、深度学习理念

在现代媒体的支持下,“容量大、密度高、节奏快”的课堂教学方式,实际上是让学生只是在短时间内高度紧张地听和写,学习方式单一、被动,学生没有将学习融入其个人体验内。这种学习方式必然会出现人们常说的一种现象,即“高考完了,知识也就还给教师了”。

美国教育学家布鲁纳认为:“学习存在表层和深层两个层面,掌握知识经验的过程是学习的表层,而通过知识形成一定的思考方式、学习态度,增强解决问题的能力和自信才是学习的深层,真正的学习应包括获取知识、发展能力和形成态度。”

所以深度学习具有三个特点:一是过程性。这就意味着学生必须亲身参与一系列学习活动,有深刻的亲身体验和领悟知识的过程。二是批判性和创造性。现在提倡的生成教学就是放手让学生在开放式的学习状态中,萌发质疑意识和创新意识。三是思维的挑战性。设计简单的问题和学习活动,可能无法引发学生的兴趣;而设计逐层深入的分层分级的学生活动,能让学生获得“柳暗花明又一村”的意外惊喜。

以学生活动为中心的活动型课堂是深度学习的课堂,学生在真实情境中“做中学”“学中做”,运用结构化的知识去解决问题,从而获得发现、分析、解决问题的途径、方法、策略等,同时学生经历感受、体验与领悟的过程,这是当今课堂学习的主流。所以,深度学习的课堂是学生全身心参与、调用各种思维、获得深度体验的生命化深刻学习。

以知识学习为起点,以思维培养为主线,以观念形成为终点,构建思维型深度学习课程流程。地理核心素养是学生在真实、复杂的问题情境中,综合运用地理学科和跨学科知识、技能、方法与观念,创新解决现实问题。这一学习过程具有生成性,教师创设情境,给出问题,组织讨论,学生将所获信息转化为结构性知识和逻辑体系,并运用其解决实际问题。

二、新课标对学生活动的要求

新课标强调要依据问题来设计学习任务和学生活动，这就是问题活动化。新课标认为，应完整呈现相应情境和问题，学生应该在充分理解情境和问题后再展开学习活动。复杂的情境设置，可以激发学生活动的动机和兴趣；学生活动的形式有自主学习和小组合作学习；学生活动的目的是发现问题、探究问题、提出假设、解决问题。情境、问题和活动相互关联，成为一个有机的整体。

根据问题设计的学生学习任务和活动，通过学生"做中学"系列活动来解决和解释问题，得出结论。例如社会调查、测量计算、角色扮演等实践活动。在学生系列学习活动中，新课标理念逐渐外显为学生的知识、技能、思维、情感、实践等核心素养。新课标对活动的设计要求包括：

全员参与活动，增强认识的全面性和深刻性。新课标强调，应该让全体学生全过程参与解决问题。因为分组分工解决某一局部问题，会影响学生对地理问题的全面认识和综合思维训练。

设计多样化探究活动，增加学生多种体验。依据情境和问题，设计多样化活动，并相互配合。新课标指出，为配合案例教学，可以借助室外实践活动或信息技术，促使学生综合认识自然、社会、经济和文化间的相互影响，体验自主探究的过程。

紧扣核心素养目标，设计生活化探究主题。先解读新课标中的"内容要求""学业要求""教学提示"，再结合教材内容结构以及学生的兴趣、已有经验和认识水平等，以培养核心素养为目标，综合确立学生活动的主题。同时主题还必须生活化，依赖学生熟悉的生活经历，在主题活动探究中，促进学生对经验、新知等进行应用、验证，在反思中提升，使学生在参与中经过体验实践活动—归纳认识—再体验—总结提升的认知过程。学生在亲身参与中，学习知识和获取能力变得更加有趣与生动。活动中的师生、生生互动可以拓宽视野，交流情感，提高研究能力。

将理念具象化为活动。核心素养理念成为可执行的学生活动，需要教师结合生活、生产情境，依据课堂教学目标，精细化设计由浅到深的阶梯式的活动任务，从而实现核心素养的目标。

第二节　设计三级学生活动，"做中学"是培养学生核心素养的最佳途径

高中地理教学的理念是"以学生为中心"，其主要表现应该是设计分层次的、多样化的学生学习活动。按照布鲁姆关于认知领域的六类教育目标：知道、领会、运用、分析、综合和评价，结合平时亲身教学实践经验，联系当前提倡的学科核心素养

要求,可把高中地理课堂上学生的学习活动分为三级:初级学生活动、中级学生活动和高级学生活动。其具体类型、培养能力、面向学生的层次、表现形式等各不相同。现分述如下。

一、初级学生活动设计

初级学生活动在课堂教学中较为常见,以培养学生识记和理解知识的能力为主要目标,面向基础学生,活动形式上可以是学生自主学习活动,适宜在课堂教学起始阶段实施。一般先组织识记性活动,再组织理解性活动。两类活动的区别如下。

(一) 设计识记性活动

识记能力是认知领域中最低水平的能力要求,主要是对已学过的知识的回忆。学生在辨认所识记的知识时,需要联系当初学习该知识时形成的印象或当初学习的情景来回想。即学生以后运用基础知识时,离不开教材原来的语言。因此,具体教学过程是:先要求学生阅读教材,然后再实施系列教学活动。

1. 读书答问

将某节的系列知识目标对应设计成一个个问题,学生带着疑问读书,既明晰了知识目标,又有了读书的动力。学生在阅读课本、思考问题、答问的过程中,记住和领悟了教材上地理专业术语、地理基础知识和概念。

如针对“混合农业”的知识目标,对应设计的问题是:(1)混合农业主要分布在什么地区?(2)澳大利亚混合农业的主要特点是什么?(3)有什么有利与不利条件?学生阅读课本后,可以据课本上的文字和地图回答前两个问题,再根据教材进行总结概括来解答最后一个问题。学生读书就可轻松作答。这里的问题实质就是知识目标,不需再重新专门展示它,能够节约课堂宝贵的时间。

2. 读书填空

将课本上表述的重要地理概念、地理规律等原句摘抄在学案上或黑板上,在重要处留空,学生读书后填写留白处的关键词。它有助于学生养成认真读书的习惯,精简地理规律,强化对地理术语的理解和记忆。适用于新课教学。

比如据“黄赤交角”内容设计的部分填空如下:

(1) 黄赤交角的含义:赤道平面与黄道平面的夹角称为____,角度为____。

(2) 黄赤交角的地理意义:太阳直射点的南北移动,在____日,太阳直射赤道;在____日,太阳直射北回归线;在____日,太阳直射南回归线。由于______的存在,______的南北移动,从而引起正午太阳高度和昼夜长短随____和____作有规律的变化。

学生读书后在填写上述填空题的过程中,既加深了对关键词和地理术语的记忆,又能逐渐领悟正午太阳高度和昼夜长短变化的原因。

3. 读书填出知识网络

将某节学习的所有基础知识组成知识网络结构,重要处留白,由学生读书后填出。

它利于学生快速掌握较完整的知识系统，领会各部分本质上的关系，提高总结概括能力，加深对所填重要术语的记忆，效果较好。适用于新课和复习课教学。

比如高中地理鲁教版教材有关“全球气候变暖”一节的新课教学，其基础知识网络设计如图 18 所示。

- 气候变暖
  - 近百年来气温变化趋势：________
  - 近百年来气候变暖原因：________
  - 影响
    - 对海平面的影响：________
    - 对自然灾害变化的影响：________
    - 对生态系统的影响：________
    - 对人类健康的影响：________
    - 对农业的影响：________
  - 对策
    - 减排二氧化碳：________
    - 固定二氧化碳：________
    - 适应气候变暖：________
    - 经济调整：________
    - 环保：________

图 18 “全球气候变暖”基础知识网络

学生在阅读教材后填好上面网络图，在形成系统基础知识的同时，加深对重点和难点的识记，紧接着就可以直接探究另外设计的较深的问题，效率较高。

由于学生初次接触基础知识，比较陌生，为降低难度，可以尽量使用教材原句，少用概括性较强的地理概念。

上述三项较为常用。其他如默写、高声朗读、填写图表、作课堂笔记、指图、记忆竞赛、拼图活动、猜地名谜语、学生互查互背等也属于初级学生活动中有关识记性的活动。

从识记活动开始，学生初步接触地理知识并有了一定印象后，就可以进入下述的理解性活动了。

（二）设计理解性活动

学生对概念、规律的理解能力，主要是对知识进行总结、比较和证明的能力。解释、转换、推断是理解的三种方式。解释是指能用自己的语句，对图表、数据等加以具体或概括说明；转换是指能用自己的话语或换一种方式来表达所学内容，如地理文字、地理图示、地理表格等之间的互换；推断是预测事物变化的趋势。地理课堂常见理解性活动方式有以下几种。

1. 角色表演

教师提出区域经济发展问题，创设职场角色情境，引导学生基于熟悉的日常生活问题，从官员、媒体人、企业家、城市规划专家等不同社会角色的角度，全面分析和评价影响城市经济社会发展的综合因素和各因素间的关系。这种活动提高了学生的分析水平、决策能力和社会责任感。

在师生和生生交流讨论中，学生表达了自我，了解了别人，选择出理性观点，产生“学习心理共振效应”。学生在不断探究、反思、调整与改进方法策略中，增强参与意识和合作意识，实现创新与突破，获得进步与发展。

比如江苏盐城某位地理名师在执教省级公开课后发言道，有关解决城市问题的措施的教学，开始笼统地让学生去说，结果发现学生对此没有印象；后来要求学生分别扮演政府官员、公众个人、工厂工人、社会舆论者等角色，从各自角度出发回答问题。这时学生进入角色，从切身体会角度都可以谈出较深层次的问题和解决之道。角色扮演可以将学生置身于特定情境中，增强学生的责任感，“迫使”学生必须领会和消化知识。

2. 图文转换

主要包括两种能力：(1) 文变图的能力。教师根据课文设计简单图示，要求学生从图中得出课文内容。图示设计要小、巧、简，以减少板书和版图量，节省时间，增加学生活动时间。地理图示可视性强，容易吸引学生注意力，可以变抽象为直观。(2) 图变文的能力。教师根据地理图示提出问题，要求学生在图中填注文字，添画线条、符号等，圈出图中关键词和关键部位，记下自己的疑问，询问教师。

3. 编成诗歌

诗歌朗朗上口，学生兴趣浓厚。只有理解基础知识才能编成诗歌。如江苏某位特级教师在所开省级公开课《长江流域的综合开发与利用》中，课前要求学生将长江概况和各段治理措施分别编成诗歌，当堂朗读几遍。学生在编写与朗读过程中，较好地掌握了相关的图示和文字内容。

4. 总结概括

总结概括可使教材基础知识升华到一定的高度。主要有两种活动：

(1) 用自己的语言概括。学生读书后，按自己对地理概念、原理、规律、成因、特点等的理解，改变教材原来知识外面的“包装”，用自己的语言总结出来，并逐渐纳入到自己构建的知识体系和经验之中。

如高中地理教材叙述了“城市化”的概念、表现、主要指标、进程特点、两类国家城市化差异、城市问题及其解决措施等，内容非常多，学生读后，教师可以要求其用自己的语言分别概括出来。

(2) 比较法。地理教学常用的是列表比较法。据课文叙述的内容，比较异同点。所用的语句可以是课文原话，但需要学生正确进行联系、组合。

如列表比较数个自然灾害的特点，可以先列出表格各项，由学生根据课文内容，填出表中具体内容。如表 30 所示。

表 30　自然灾害比较

自然灾害	分布	原因	危害	对策
干旱				
洪涝				
台风				
地震				
寒潮				

初级学生活动就是学生通过阅读、记忆、理解等系列学习活动，弄清新学知识与原有知识、经验的内在联系，以及在原有系统知识中的位置，逐渐内化为自己的知识和能力，最终形成清晰的、有条理的、完整的、新的知识和能力体系。

获得的教学经验是：课堂前段时间一般进行初级学生活动，达成知识目标后就可以进行以能力目标为中心的中高级学生活动。

二、中级学生活动设计

中级学生活动以培养学生对知识的应用和分析能力为主。可以设计自主探究和合作探究性活动。包括以下两类活动。

1. 应用性活动的设计

"应用"是指对所学习的概念、原理、规律、方法等运用于新情境的迁移能力。初级学生活动仅训练学生对知识本身条件、结论的理解能力，而中级的应用性活动则需要背景材料，构成问题情境，并且在没有说明问题解决模式的情况下，能够正确地运算、操作、使用等。比如：

(1) 举例说明。学生根据课本上的实例，结合自己的生活经历和原来具有的知识，再举出其他类似的实例。

如工业区位因素包括矿产、水源、能源、市场、劳力、技术等。学生读完课本有关内容后，请学生分别举出乡土实例来说明各因素对工业区位的影响。学生另外举出新例可能有一定难度，需要教师预先举出更多的具体实例来引导学生。

(2) 写地理小论文。如参考教材有关热岛效应的原理，考察调查本地城市热岛效应现状，搜集相关资料，从其产生原因、带来的影响和缓解措施等方面写出一篇小论文。这主要考查学生在初级活动的基础上，对知识灵活运用和组织地理语言进行自我表达的能力。

2. 分析性活动的设计

"分析"是指把复杂的知识整体材料分解成各个部分，并理解各部分间联系的能力。如分析一组实验结论中哪些符合事实，哪些是假说。它主要考查学生是否能透彻地分析和理解，且能利用这些知识证明自己的观点。比如设计对联活动：上文提到的特级教师的公开课中，将长江流经的省区编成上下联，学生朗读几遍，先加深学生对基础知识的记忆；然后展出横批“第一大河”，教师接着提出问题：“从哪几个方面说明它是‘第一大河’？”再由学生来设计符合长江特点的其他“横批”，并说明理由。前者考查学生的地理分析能力，后者考查对零乱知识进行优化整合的能力。

上述设计的活动，无论是自主探究还是合作探究，如果学生的创新能力得到提升，那就属于高级学生活动。

三、高级学生活动设计

高级学生活动以培养学生评价、综合、创新能力为主，主要面向能力较强的学生。它引导学生自主与合作探究有一定深度和复杂问题的活动。在此过程中，学生发展了阅读理解、读图分析、联系实际、综合分析、创新等诸多地理能力，更好地达成地理三维目标。它主要有两类。

一是综合性与创新性活动。“综合”与“分析”相反，它是将所学各部分知识重新整合，形成一个知识系统的能力。它能使学生从整体上把握有内在联系的知识体系。“创新”指创造能力和形成新知识网络的能力，它能突破常规思维模式，提出全新的想法或解决方法。它强调独特性与首创性。

二是评价性活动。“评价”指结合内在与外在的资料、信息，做出符合客观事实的推断能力。它不凭借直观的感受或观察的现象，而是以理性和深刻的眼光对事物的本质做出可信的判断。

常见的高级学生活动形式有：

(1) 设计深度合作探究活动。合作探究性问题不一定要用课外问题来为难学生，可以把基础知识作为深入探究分析和研究的对象。如江苏某位特级教师在所开的省级公开课中，先在课件上展示教材上有关农业区位的基础知识，要求判断其属于“因素”还是“条件”。然后抛出探究性问题：从“因素”到“条件”，语义有无变化？如有，举例说明其不同。显然该探究问题有一定深度，学生们必须仔细阅读课件上的教材内容，深入综合剖析，积极思考和讨论。学生在阅读、理解、思考、讨论中，提高了探究能力，属于新颖的读书探究方式。

(2) 设计辩论活动。比如，提前两天向学生布置分组辩论题：正方——私家车优于自行车；反方——自行车优于私家车。它涉及教材上有关“城市”单元几乎所有的基础知识和原理。学生必须将这些地理基础内容融会贯通，精心提炼，活学活用；并联系当前民生热点，再查阅资料，分析综合。学生在辩论时，互评互动，表达自己观点又属于创新能力，可谓知识、能力、情感三向发展。这样的辩论课就是一节精彩的单元复习课。

(3) 分组游戏竞赛活动。比如设计这样的问题：如果你从家乡到法国巴黎，可能选择的交通运输方式有哪些？并说出各方式先后搭配的合理方案。分组合作，看谁说得多、说得好。学生设计有自己想法的线路，实际上属于综合、评价和创新活动。

（4）演示操作。如学生合作演示空气中水汽的循环运动，进行洋流模拟实验，测量玻璃温室内外气温的变化，来分别验证、评价水循环、大洋环流、温室效应的基础知识和基本原理。

（5）写调查报告。地理是实践性较强的学科。教师可以设计问题情境，学生身临其境地展开调查活动。例如学生对本地进行环境污染调查、土地利用调查等，经过查阅资料、参观访问、实地调查等方式取得材料，再整理、分析，得出结论，提出建议，能够提高其野外观察、社会调查、资料分析、论文写作等能力，培养学生关心家乡发展的情感。

要求学生模仿地理教材叙述知识或案例的格式，写一篇调查报告。如安排小组分工合作，经调查研究和搜集资料后，模仿教材上有关农业地域类型的写法，撰写一篇本地区农业地域类型的优势条件、特点、存在问题和发展对策的调查报告。按照这种方法，有关教材内容不需专门安排一节课来教学，只需学生交一篇这样的报告即可。学生必须首先深入阅读、熟悉和理解教材相关内容，然后合作调查探究，最后再撰写、讨论、修改报告。它旨在培养学生的地理思维和团队合作意识。

（6）质疑活动。质疑是引发创新活动的动力。但权威学说普遍被人们认可，学生不敢挑战。因此在进行具体质疑活动时，教师可引导学生找出权威学说的弱点及致命点，允许其提出疑问和探索，鼓励他们多角度地观察问题、提出问题、分析问题和解决问题，并打破常规，大胆求真、求新、求异。如最为盛行的“板块构造学说”能解释东亚“岛弧链”的成因，但同样是大洋板块和大陆板块的碰撞，为何美洲西部海岸附近没有形成“岛弧链”？是什么力量推动板块在做持续、大幅度的运动？这些疑点是学生探求新理论的动力。

高级学生活动能够激活学生的地理思维，形成学生的地理观念和自我评价体系。

四、三级学生活动间的关系与核心素养理念

三级学生活动的能力目标、面向的学生层次、活动可能的形式、课堂教学时序、最终目标有所不同，但各项是逐级上升的。详细关系见表 31。

表 31　三级学生活动之间的关系

<table>
<tr><th>三级学生活动</th><th>能力目标</th><th>面向的学生层次</th><th>活动可能的形式</th><th>课堂教学时序</th><th>最终目标</th></tr>
<tr><td>初级学生活动</td><td>识记、理解</td><td>全体学生</td><td>自主学习</td><td>起始阶段</td><td>掌握学科知识</td></tr>
<tr><td>中级学生活动</td><td>应用、分析</td><td>大部分学生</td><td>自主探究与合作探究</td><td rowspan="2">中后期</td><td>培养学科思维和关键能力</td></tr>
<tr><td>高级学生活动</td><td>综合、创新、评价</td><td>少数学生</td><td>深度的自主与合作探究</td><td>达成三维目标，落实核心素养</td></tr>
</table>

具体设计时,三级学生活动可以适当兼顾,相互融合,但活动顺序往往是初级在前,中级和高级在后。其中设计的"识记""理解""应用"问题一般有直接的、明确的、无歧义的答案,而"分析""综合""创新""评价"问题属于较高水平的认知问题,通常没有唯一的正确答案,多个角度回答有多样化的结论。

三级学生活动正好顺应了目前提倡培养学生的核心素养和关键能力的要求。每一级都设计多样化的学生活动,旨在提高学生的个人素养;学生通过自主发展、合作参与、创新实践活动,能够训练关键能力;表 31 中的七项能力目标可以培养学生的地理学科核心素养,如使学生掌握地理知识、地理能力、地理方法、地理技能、地理观念等。

总之,三级学生活动设计体现了因材施教、因生施教、培养学生核心素养的教育教学原则与要求。

第三节　以学生活动为主线设计教学过程

依据学习金字塔理论,课堂上应让多样化的学生活动唱主角,方能提高教学质量与效率。为此,教案、导学案、课件、板书等都要以学生活动为主线来设计。它与传统教学的关系就是学生活动与教师活动、生成与预设的关系。

一、以学生活动为主线的教学过程,符合学习金字塔理论

传统教学设计以知识传授为主线,教学效率较低。按照学习金字塔理论,传统学习方式主要是位于学习金字塔上面的听讲、阅读、视听(如声音、图片)、演示的方式,学习效率分别为 5%、10%、20%、30%,是被动学习、个人学习和单纯接受知识的学习方式。如图 19 所示。它表现在教案书写、课件制作、导学案编写、教具学具设计等方面,以设计教学活动为主,教师的活动占据主导地位。另外,传统教学设计虽然主要考虑每一个知识点如何教学,缺少组织学生活动的语言,但实际上在课堂教学时,也要适当组织学生活动,只不过不把这些写进教案里,需要教师在大脑中记住这些组织学生活动的语言,无疑增大了教师备课的负担。

以学生活动过程为主线,学习效率较高。位于学习金字塔下部的讨论、实践、教授给他人的方式,学习效率分别为 50%、75%、90%,属于主动参与式学习、团队合作学习和实践应用学习方式,效率比传统学习方式高得多。其中实践方式(如做中学、实际演练等)和教授给别人的实际运用方式,是效率居于前两位的学习方式。如图 19 所示。

知识教学活动与学生活动的关系。两者是预设与生成的关系,是掌握知识与体验感悟的关系。以知识教学活动为主线,重在教师教学,一切都是预设的问题,记忆活动占据主要地位,主要目的是掌握知识。而以学生活动为主线,重在生成教学,让学生在活动中体验感悟知识的形成过程。

图 19　学习金字塔(资料来源:美国缅因州国家实验室)

二、设计"学生活动金字塔",提高教学质量和效率

以学生活动为主线设计教学过程,需要设计一系列学生活动。本人在教学实践过程中,依据学习金字塔理论,自创了"学生活动金字塔"。如图 20 所示。

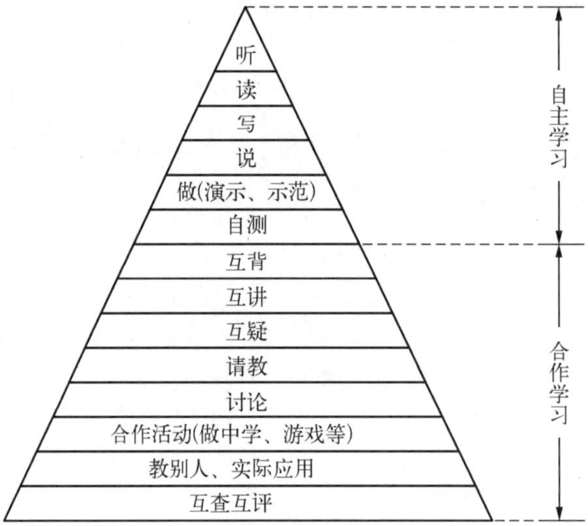

图 20　学生活动金字塔

"学生活动金字塔"是学习金字塔的改进版,改进的地方在于:

1. 活动方式更加多样化,提高了课堂效率

传统的听讲、阅读等方式,虽然效率高,但在教学过程中,应用多种多样的学习方式,特别是组合的方式,充分发挥各种活动方式的优势,其总和就超过了任何一种或几种方式的效率。自主学习方式包括:听、读、写、说、做等;合作学习方式有:互背、互讲、互疑、请教、讨论、练习、教别人等。比如,难理解的内容,以教师讲解、学生听讲为主;容

易之处，由学生讲解为主；等等。

2. 增加了自查自评自测方式，提高了学习质量

在各种自主学习活动后，增加了自测环节；在合作学习活动后，增加了互查互评环节。以学生自我检查、相互评价等评价方式，督促和监督学生各种学习活动的质量和效果。

3. 系统化设计学生活动，立体化落实新课标理念

系统化学生活动设计，包括课件、导学案、教具学具、教案等各个方面，都要以学生学习活动过程为线索，并达到有机统一。这是落实或执行学生活动的课堂，有利于全面提高学生学习效率和质量。

例 1 为本人按照学生活动要求设计的“气候变化”的课堂教学活动。其最大特点是：不以教学内容为主线，通篇都是组织学生活动。这是落实型课堂或执行型课堂。

【例 1】“气候变化”学生活动设计

一、自主学习活动 14—17 分钟

1. 出示学习目标 1 分钟

2. 自学或自读学习内容 5 分钟。要求大声朗读。教师巡视。

3. 学生回答和板演问题 5—8 分钟

4. 互查自学效果 3 分钟。同伴间，站立大声互问互答，教师参与检查。

二、分组展示 20—26 分钟

活动形式：讲题、质疑。讲解某一个问题，一边在黑板上写出答案，说明什么意思，一边讲解为什么是这个答案。

活动要求：抽签确定小组活动。(1) 学生观察板演，找错误，比较自己与板演是否相同；(2) 学生自由更正，各抒己见；(3) 讨论错题，说出错因；(4) 归纳结论。

三、检测、自纠、请教 5—8 分钟

三、以学生活动为主线的教学设计

课堂教学过程以学生活动为线索，体现以学生为本、关注学生的教学理念。

学生活动教学设计(教案)一般呈现三类内容：学生活动、教师活动、学习内容。以下三部分内容说明了三者间的关系。

1. 学生活动设计原则

理念原则。即要体现新课标理念。以学生活动为主，可以淡化教师讲解活动。一方面体现有效学习的金字塔理论，另一方面体现以学生为本的学习理念。教师按重点集中设计学生活动，学生在自主和合作学习活动中，掌握相应学习内容。

顺序原则。要遵守学习活动设计的顺序。自主学习是合作学习的基础。一般先设计自主学习活动，后设计合作学习活动，符合学生认知过程、学习过程。学生先经过自己独立读书、思考，熟悉相关内容后，方能与其他同学展开合作学习。

具体性原则。即设计具体、形象的自主学习、合作学习、探究学习活动，学生容易做到，能够将活动落实在课堂上。

主体性原则。学习活动由学生本人“执行”。即变教师读书读图为学生读书读图，变教师演示教具学具为学生演示教具学具，等等。如在自主学习上，由学生来朗读学习目标和地理内容。传统上，由教师读出这些内容，虽然教学所用时间短，速度快，但由教师说出来而不是由学生亲口读出来，学生对此没有多少印象和理解。

有限性原则。即学生活动时间有限。因为一节课时间有限，学习内容较多，因此相应的学习活动较多，必须限制每项活动的时间。每项活动的时间应以分钟为单位来计算，最少 1 分钟，最多不超过 10 分钟。

多样性原则。活动形式要多样化。比如自主学习活动有独立思考、读书、读图、背诵、书写等，合作学习活动有讨论交流、分工合作完成某项任务等。不要用一种活动形式去完成多个学习任务，否则就显得单调、枯燥，单一形式的活动持续时间较长，会减弱学生活动的热情和兴趣。

2. 三者融合统一

学生活动形式与学习内容对应。学生活动不能随意设计，根据学习内容的多少、难易等，设计相应的学生活动，同时学生做起来容易，且教室具备活动的环境和条件。学生能靠身体完成的，就不用工具；能用简单教具演示的，就不用复杂实验演示；能用语言形式交流，就不用另做材料；等等。

教师活动既要服从学生活动，又要引导学生活动。教案中既要写学生活动，也要写教师活动。因为不同的学生活动，需要教师作不同的引导和组织。教师活动是保证学生活动高质量完成的主要保障。教师活动包括：如何点评学生？如何对学生的答题思路进行补充纠正？播放什么样的视频、图片？各小组如何分工布置学习任务？设计什么样的问题？

学生在活动中体验和感悟地理规律。学生活动是学习内容外显的外在形式，学生在活动过程中，体验了地理空间和时间带来的感觉，学生在活动中加深对地理规律的理解和记忆。

3. 学生活动具有可操作性

学生活动应该有自主学习活动、合作学习活动等。如表 32 左栏是以学生活动为主线的教学设计，本人曾应用于自己开过的地区公开课。主要程序有：出示学习目标、自主活动、分组抽查活动、讨论、总结、检测、评价、布置作业。活动中包含所用时长、活动要求、学习内容、教师活动。为确保学生活动的质量和效率，都设计了教师活动来监督、指导、辅助。比如教师作出相应的评价活动，包括抽查、点评、检测等，都是对学生的监督、考核活动。

例 2 和例 3 所举的以学生活动为主的所有教案、导学案、板书提纲，均为本人曾经开设公开课使用过的材料。在表 32 右栏,是知识教学设计,以教师活动为主,学生活动依附于教师活动。

【例 2】复习课教案

表 32　“大气环流”两种教案比较

学生活动简案:以学生活动过程为线索	知识教学简案:以教学过程为线索
一、出示学习目标	一、知识教学
二、学生自主朗读	教师活动:呈现知识结构 学生活动:学生回答结构图里空白处的关键词 教师活动:学生朗读时,教师在黑板上画出气压带风带空白图和南亚简图,以便学生填图;画各组评价表
所用时长:3 分钟 活动要求:站立,大声读 朗读内容:(1) 气压带风带分别带来什么天气,移动规律;(2) 东亚、南亚冬夏季风成因	
三、学生分组抽查	二、图文结合教学
所用时长:3 分钟 活动要求:被抽查到的学生将朗读内容用自己的语言讲出来,不准看书。同时其他学生核对做过的学案上的正确答案。 抽查内容:(1) 在气压带风带图上填出其名称,画出风带风向;(2) 画图讲解南亚夏季风具体成因和气压带风带移动规律。 得分标准:全部答对的学生所在组得 2 分,答对大部分内容的得 1 分,答错大部分内容的得 0 分,不答得—2 分	教师活动:画出气压带风带图和东亚南亚的空白地图 学生活动:(1) 填图;(2) 据图回答气压带分布和移动规律、东亚南亚季风成因
四、学生讨论	三、讲评导学案
所用时长:5 分钟 活动要求:站立讨论,同组讨论错题,同学之间相互请教以解决疑惑,然后组长记录哪些共同的疑难问题,向教师反映	教师活动:讲清学生错误原因,纠正错误;出示变式训练题 学生活动:纠正学案上的错误;回答变式问题
五、总结:由教师总结和点拨	四、指导
六、检测:5 分钟做检测题,不准讨论。每题 1 分	教师活动:辅导和检查学生纠正情况 学生活动:将典型错题记录下来
七、评价各组得分	
八、布置下次作业	

【例 3】新课教案:“气候变化”教学设计

一、学生自读 5 分钟

(一) 学生活动

要求:在原位站立,大声朗读课件上展示的学习目标和地理知识点。

说明：课件上展示的下列内容下划线部分为导学案上的填空题，学生需在课前预习课本做好。填空题答案多是地理基础知识关键词。

（1）近百年来全球气温变化趋势：呈波动上升趋势。

（2）CO_2增多形成温室效应的主要原因：它吸收地面红外线长波辐射，使气温升高。

（3）原因：① 人类燃烧大量矿物燃料，过量排放温室气体（如二氧化碳）。② 毁林。

（4）影响：① 导致两极地区和高山地区的大量冰雪融化，海平面上升，淹没沿海地区，土壤盐碱化。② 可能使蒸发加大，可能导致干旱、洪涝、暴雨等灾害增加。③ 导致生态系统调整，生物多样性减少。④ 对人类健康的威胁会增加。

（5）措施（分类利于记忆）：

①“减少CO_2排放量”措施（与能源和经济有关）。主要是调整能源结构和产业结构。如少用化石燃料，节约能源，提高能源利用率，使用清洁能源和新能源。

②“降低目前CO_2含量”的措施（与造林有关）。如植树造林，禁止乱伐，退耕还林，固碳技术。

③“适应气候变暖”的措施。如建设保护海岸的工程，调整农业结构（培育作物品种），国际合作。

④“公众参与”，即低碳生活。如多骑车，多乘公交车，旧物品循环利用。

（二）教师活动

学生自读的同时，教师的活动是：

（1）板书：全球气候变暖

① 自读5分钟

② 互查3分钟

③ 分组展示19分钟

④ 讨论错题5分钟

⑤ 讲解错题、质疑5分钟

⑥ 检测5分钟、纠错3分钟

⑦ 预习下一节5分钟。阅读教材做下一节导学案

（2）拍照和巡视：用照相机拍学生自读情况，把它当成监督学生自读的手段。

二、学生互查3分钟

学生活动状态：原位站立，同伴间互查自读效果。

教师活动：

（1）用照相机拍学生活动情况，间隙走到学生中间。

（2）把预先准备好的贴纸贴在黑板上，顺序打乱。本节知识结构文字贴纸如图21所示。

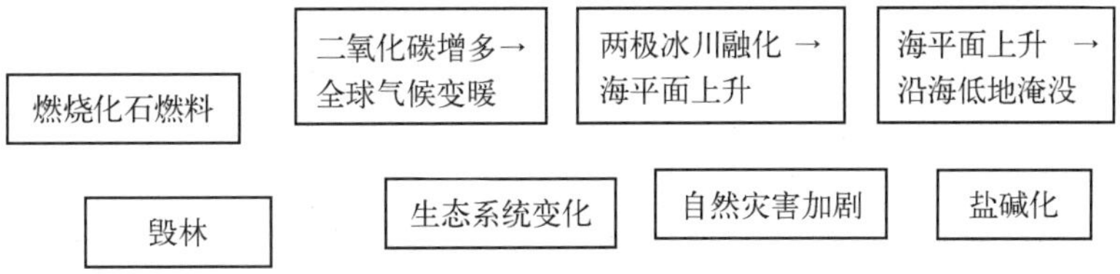

图 21　知识结构贴纸

三、学生分组展示和互评 19 分钟

(一) 学生活动

1. 第一组活动:将黑板上有关全球气候变暖原因的文字贴纸按内在逻辑联系摆好。如图 22 所示。

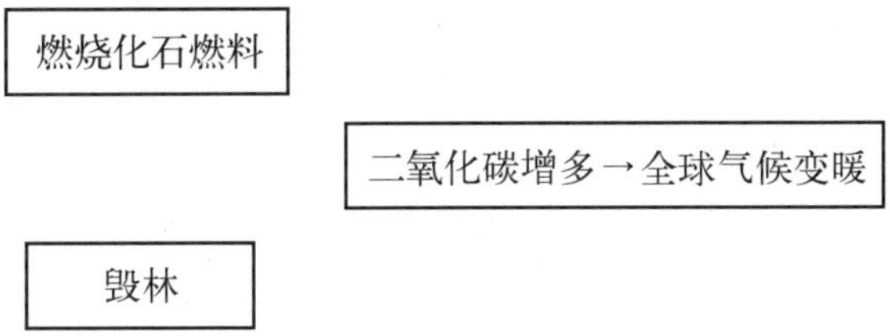

图 22　文字贴纸

2. 第二组:将黑板上有关气候变暖对策的文字贴纸摆好,并对第一组贴纸进行评价。

3. 第三组:联想说出海平面上升,并对第二组联想进行评价。

逐一联想出与下列关键词有关的其他内容:“海平面上升”“气象灾害”“生态系统”。

4. 第四组:说出下列汉字“对话”分别对应上述哪项措施,并对第三组联想进行评价。

① 能对熊说:“卖掉四轮车吧,多走路对身体好,还节能减排。”② 哭对器说:“兄弟,我比你少点两盏灯。”③ 花对化说:“看你,头上没有草,世界化为乌有了。”④ 彐对归说:“我鄙视你身边有一次性筷子。”……

5. 第五组:联想说出生态系统,并对第四组汉字对话进行评价。

判断是否正确,说明理由:(1) 全球气候变化就是气候变暖。(2) 气候变暖的主要原因是人为原因。

6. 第六组:讨论下列问题,并对第五组联想进行评价。本组活动由第一组评价。

读“碳循环示意图”(此处图略),读图完成下列各题。

(1) 大力开发风能资源，减少 CO_2 排放，直接影响图中的环节是______。

A. ①　　B. ②　　C. ③　　D. ④

(2) 为维持⑤环节降低大气中 CO_2 含量的作用，人类迫切需要______。

A. 开垦沼泽　　B. 开发水能　　C. 保护雨林　　D. 退耕还湖

(3) 在使用①风电、②天然气、③石油、④煤中，单位能耗排放 CO_2 由多到少的排序是____(写数字)。

(二) 教师活动

1. 对上述各组活动情况进行点评、补充。

2. 对学生展示活动进行录像。

四、学生讨论错题 3—5 分钟

1. 教师活动：课件展示导学案上练习题的正确答案，巡视全场，了解学生普遍不懂的问题。在学生讨论错题时拍其活动的视频。

2. 学生活动：学生在原位站立，相互讨论做错的题目，同时改正。

五、学生讲解错题、质疑 3—5 分钟

1. 学生活动：请两三名学生到台前对普遍存在的问题进行解惑，台下学生提出质疑的问题。

2. 教师活动：在学生讲解时拍下视频，学生讲完后点评，并回答学生的提问。

六、检测 5 分钟，纠错 3 分钟

1. 教师活动：现场分发检测试卷。学生做检测题 5 分钟后，每组中挑选一人的试卷批阅，其分数代表该组成绩，将各组成绩排序。之后公布正确答案，并回答学生的疑问。

2. 学生活动：做检测题后，对照正确答案改错，并请教师回答自己的疑问。

七、小组自评 1 分钟

各小组写出自认为这节课做得较好的活动(只写序号)：①听，②读，③背，④写，⑤做，⑥讲，⑦疑，⑧想，⑨讨论，⑩练习，⑪教别人。并结合以上评价情况，对各组做出综合评价。

八、预习下一节 5 分钟

教师活动：分发下一节导学案。

学生活动：读下一节教材，做导学案。

四、以学生活动为主线设计课件

以学生活动为主线的幻灯片，以学生学习为中心。这种方式，指导了学生做中学的方法，将学习权利放给学生，以生成教学为主。幻灯片上面说明了学生自主学习和合作学习的方式，指导学生活动的具体方法。这种活动有明确的指向，是使学生通过做的方式，将学习内容掌握下来。例 4 表 33 左边幻灯片表示学生活动的过程和要求，学生绕转桌子，体会洋流的流向；说出洋流名称，可以体会洋流所在的空间位置。

以知识教学为主线的幻灯片，以教师教学为中心。知识教学过程重点在于预设，按照教师意图控制学生的学习过程。例 4 表 33 右边幻灯片表示知识教学过程，先由教师展示洋流分布图，逐个显示各洋流名称，或者由学生说出洋流名称和分布规律。

【例 4】有关“洋流”内容的学生活动设计

表 33　两种方式的幻灯片比较

以“学生活动”为线索的一张幻灯片	以知识教学为过程的一张幻灯片
印度洋洋流分布规律 小组活动要求： (1) 演示洋流流向。教室里放两张桌子，一张代表北印度洋，一张代表南印度洋。两位同学分别绕一张桌子走动，以演示南北印度洋洋流流向。前者两种方向都要演示。 (2) 说出洋流名称。一位同学绕一张桌子走动，每走到桌子一边，展示写有洋流名称的纸条，其他同学评价	印度洋洋流分布规律 1. 读冬季和夏季印度洋洋流分布图，对照世界洋流分布图，说出各个洋流的名称。 2. 总结冬夏季印度洋洋流分布规律

五、以学生活动为主线设计板书提纲

知识教学板书的缺陷。只是显示知识掌握的方向，学生知道掌握什么知识，但不知道怎样开展学习知识的活动，不知如何去掌握；或者只是教师和学生间单纯以语言交流，掌握地理语句，全部以语言作为载体，活动单一，没有具体、形象的活动。

学生活动板书的优越性。板书用上学生自主学习、合作学习活动词语，在规定的时间内给学生明确的活动指令，便于提出学生活动要求，指导学生活动，安排学生学习任务。板书包括时间、要求、完成的学习项目、学习方法等。板书可以显示完成学习任务的具体做法、监督的过程、达到的效果，重在过程学习和加强学习效果督查。学生按照活动任务去做，在做的过程中，掌握知识、技能，获得相应体验。这就是做中学的优点。

例 5 表 34 左栏是学生活动板书提纲，全部以学生活动过程为时间顺序，交代了学生活动方式和时间，突出了学生活动。右栏是知识教学板书提纲，以知识讲解顺序为主，学生不懂通过什么学习活动来掌握相关内容。

【例5】产业转移学生活动设计

表34 两种方式的板书提纲比较

学生活动板书提纲	知识教学板书提纲
一、自读5分钟 二、互查3分钟 三、分组展示19分钟 四、讨论错题5分钟 五、讲解错题、质疑5分钟 六、检测5分钟、纠错3分钟 七、预习下一节5分钟	一、产业转移方向 二、转移的主要产业类型 三、对转出区的有利与不利影响 四、对转入区的有利与不利影响

六、以学生活动为主线实施实际的课堂教学

课件、教案、导学案、板书等学生活动设计,最终都要落实到课堂上。在课堂教学中,课件、教案、导学案、板书等要达到完美的统一。

1. 教师活动变为学生活动,是提高教学效率的关键

原来由教师讲解、演示、阅读、读图、总结等教学活动,尽可能由学生来代替教师进行。本人曾听过一节课,全部是由教师来演示自制的昼夜长短演示仪。其实应该让学生演示,或者教师先示范,再由学生演示。学生在演示中能体验和领悟地理原理和规律。再如,先设计生活性问题让学生去讨论解决,然后由学生从中总结并形成知识网状结构。

2. 布置学习任务,确保学生活动的过程和质量

设计学生活动,就必须给学生安排学习任务,才能确保学生真正行动起来。学习任务的表达用语包括四段内容:学习活动+学习内容+时间+检查。如"说出大气保温作用原理,2分钟后互相抽查",点明了学习活动方式("说出")、学习内容("大气保温作用原理")、学习时间("2分钟")、检查形式("互相抽查")等,学生一看就知道怎么去做,并且能让学生立即行动起来。

七、以学生活动为主线设计导学案

按学生活动过程设计导学案,只呈现学生活动和相应内容,教师活动不在导学案中出现。设计的主要要求有:

1. 确定活动的对象

将学习活动的形式与学习内容相对应。如朗读活动,要提供朗读的对象和材料;读图活动,要给出相应的图示;连线活动,要给出连线的各个相应材料。

2. 提供操作方法

将学生活动与相应具体方法对应。如小组活动办法:怎样质疑和怎样解惑(如先由

某些学生提出质疑的问题,再由少数学生当堂解惑);各小组怎样分工来完成相应的任务;各小组间怎样互相检查和互相评价等。让学生知道怎样做。

3. 给出学习活动的时间

要求学生在限定的时间内完成活动,给学生以紧迫感,提高活动的效率。

4. 给出活动的标准要求

为每项活动提出具体、细致的要求。如朗读要大声、站立;抽查时要小声说话、互相倾听;评价对方时,优点和缺点两者兼顾;等等。

5. 活动过程要完整

完整的学生活动过程是:活动过程—活动监督—活动评价。如上述表34左栏显示完整的学生活动过程是:学生自读—记忆—互查—分组展示—讨论错题—讲题、质疑—检查—自纠、请教。前两项为自主学习,互查为检查自主学习的质量,第四至六项为合作学习活动,最后两项为对合作学习质量的检查活动。

例6和例7就是按照上述五项要求设计的导学案。在自主先学、小组活动两大项学习方式中,都给出具体的活动要求、学习的内容。小组活动是本节最主要的学习方式。

【例6】“近百年来全球气候变暖的趋势及其影响”导学案

一、学习目标

通过阅读相关图文表资料,理解全球气候变暖原因、有利与不利影响,以及应对措施。

重点:全球气候变暖的不利影响。

二、学习活动

(一) 齐读和自读(5分钟)。

要求:大声,站立;主要读下列画线内容。

阅读内容见例3第一项第1点“学生活动”。

(二) 读后互背互查(3—5分钟)

(三) 分组展示(5分钟)

本项内容同例3第三项第1点“学生活动”。

(四) 讨论(5—8分钟)

1. 判断是否正确,说明理由:(1) 全球气候变化就是气候变暖。(2) 气候变暖的主要原因是人为原因。

2. 下面左图为“北极地区景观图”(图略),右图为“人类活动引起的环境问题示意图”(图略)。据此回答下列问题:

(1) 左图中的景观反映了右图中的环境问题是________。

A. ②　　　　B. ③　　　　C. ④　　　　D. ⑤

(2) 节约能源,降低能耗,能有效减缓的是________。

A. ①②　　B. ①④　　C. ④⑤　　D. ②⑤

3. 阿尔金山位于我国青藏高原西北部。下图为“1960—2010 年阿尔金山冰川面积及年平均气温变化图”(此处图略)。据此完成下列两题。

(1) 从总体趋势上看,阿尔金山在 1960—2010 年间________。

A. 冰川面积显著增加　　B. 气温波动下降

C. 冰川消融量与年均温具有相关性　　D. 冰川消融面积过半

(2) 导致阿尔金山冰川面积变化的最主要原因是________。

A. 全球气候变暖　　B. 寒潮频发

C. 地壳抬升　　D. 流水侵蚀

(五) 互讲互疑(5—8 分钟)

教师点评、总结

(六) 检测(5 分钟)。

要求:独立思考,不准讨论(检测题略)。

(七) 自纠、互纠。

请教教师。

【例 7】“洋流分布”导学案

本节课学习重点:各大洋洋流名称及其分布规律。

教具:长长的指棍、两张桌子、印度洋洋流名称贴纸、洋流模式图、风带图和北印度洋洋流图(小黑板)。

一、自主先学

1. 对照教材的世界洋流分布图,填写世界洋流分布空白图。

2. 阅读教材,理解洋流成因。

二、小组活动

1. 熟悉太平洋洋流名称和分析洋流的一般分布规律。

活动要求:先观看世界洋流立体分布的视频,再读世界洋流分布图。

(1) 跟读太平洋各洋流名称。按洋流流向顺序读出。

(2) 分析洋流的一般分布规律:

① 北半球中低纬(以 30°N 或北回归线为核心)的海区洋流流向是______时针,大洋东岸为________(寒或暖)流,西岸为________(寒或暖)流。

寒暖流概念:寒流水温比流经海区水温低,一般从较高纬度流向较低纬度;暖流水温比流经海区水温高,一般从较低纬度流向较高纬度。

② 南半球中低纬(以 30°S 或南回归线为核心)的海区洋流流向是______时针,大洋东岸为________(寒或暖)流,西岸为________(寒或暖)流。

③ 北半球中高纬(以 50°N 或 60°N 为核心)的海区洋流流向是______时针,大洋东岸为________(寒或暖)流,西岸为________(寒或暖)流。

④ 南纬 40°附近海区形成环绕全球性的__________洋流。

（3）连线活动，总结洋流分布规律。

贴图和贴纸连线题：左边为纬度，中间为太平洋南北半球洋流图上的序号，右边为洋流流向及寒暖流分布。

2. 讲解洋流成因。

活动要求：先观看洋流实验视频和北印度洋季风洋流成因的视频，再读太平洋洋流分布与风带分布的结合图、北印度洋季风洋流分布图。

（1）在洋流模式图上画出各风带的风向，并讲解西风漂流与南北赤道暖流流向相反、大洋两岸洋流流向相反的原因。

（2）画图讲解北印度洋冬夏洋流流向相反的原因。可以提前在小黑板上画出洋流模式图、风带图及北印度洋季风洋流图。

（3）实例分析：建设下图（图略）中的“海上丝绸之路”被上升为我国的国家战略。明朝郑和七次“下西洋”（即印度洋）沿此路航行，但每次都选择冬季出发夏季返回，这是为什么？

3. 演示印度洋洋流分布规律。

活动要求：

（1）演示洋流流向。搬来两张桌子，一张代表北印度洋，一张代表南印度洋。两位学生分别绕一张桌子走动，以演示南北印度洋洋流流向，其他学生评价是否正确。

（2）一位学生绕一张桌子走动，每走到桌子一边，另一位学生把写有洋流名称的纸条递给他展示，其他学生评价洋流名称是否正确；然后另一位学生绕另一张桌子走动，方法同上。

（3）实例分析：据卫星定位，2014 年 3 月 8 日凌晨，马来西亚民航客机 MH370 在澳大利亚西部沿海坠毁。2015 年 8 月在马达加斯加岛以东的留尼汪岛发现并最终确认是该飞机的残骸。专家认为这是随洋流漂来的。

请问飞机残骸被哪些洋流带到留尼汪岛？

4. 演示大西洋洋流分布规律。

活动要求：

（1）两组学生组成三个圆圈（纵向排列）表示大西洋上的三圈洋流，然后按不同方向旋转，演示大西洋三圈洋流的流向。

（2）旋转停止后，每位学生说出所停位置的洋流名称，其他学生评价。如图 23 所示。

图 23　学生活动模拟洋流分布规律

三、检测

1. 判断题:中高纬度的大陆东岸为暖流。(　　)

2. 填空:写出图 24 中四图表示的海区字母。

表示北半球中低纬度海区洋流的图是____,表示北半球中高纬度海区洋流的图是____,表示南半球中低纬度海区洋流的图是____,表示北印度洋海区夏季洋流的图是____。

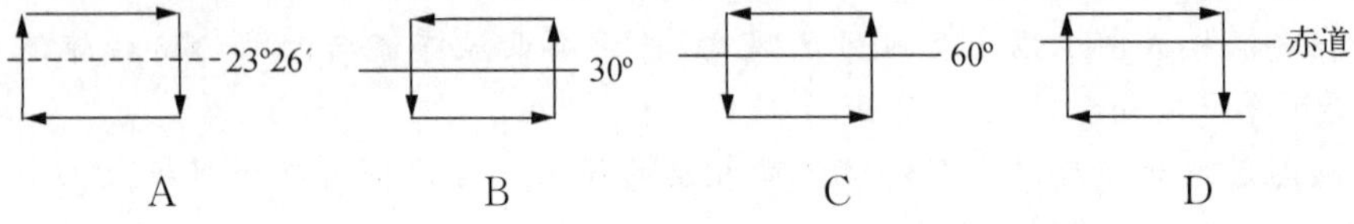

图 24

3. 判断题:图 25 中 A 字母表示的洋流为日本暖流。(　　)

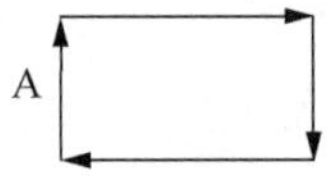

图 25

四、评价各组表现(互相商量)

五、漂流瓶故事(我们也可以扔漂流瓶找朋友,你能做到吗?)

六、疑问、答疑(互相讨论)

七、观看洋流的卫星图

以学生活动为主线教学效果良好。以学生活动为主线的地理课堂教学理念,已经取得了实际的教学效果。本文所举各项设计实例,均为本人曾经开设公开课使用过的材料。这些公开课不仅受到当时评课的领导、专家和同行的高度肯定与表扬,而且多数被评为县级一等奖优课、市级优课和省级优课。本人是学校教科研干部,负责指导全校教科研工作。近三年,我校获评五节省级优课,在全区所有中小学中,获奖数量居于第三位,得到铜山区教育局的表彰和奖励。在 2019 年初公布的江苏省优课名单上,本人的优课被评为 2018 年省级优课,是当年徐州市唯一获得的高中地理省级优课。这些获奖优课的课件、课堂实录、教案、导学案、微课等基本上都是按照上述理念设计和实施的,都已公布在"国家教育资源公共服务平台"网站上。

第四节　学生活动评价

一、布卢姆教育目标新分类适合评价学生的学习活动

20 世纪 50 年代后,布卢姆教育目标分类法得到了广泛应用,但有许多缺点。2001 年,布卢姆的学生安德森对目标分类表进行了修订,主要变化是:细分不同的知识类型,确定相应的认知目标,据此制订适合的学生学习活动,修订后的分类表称为布卢姆认知目标新分类法。如表 35 所示。

表 35　布卢姆认知目标新分类的二维表

知识维度	认知过程维度					
	记忆	理解	应用	分析	评价	创造
事实性知识						
概念性知识						
程序性知识						
元认知知识						

1. 知识维度有四类知识

现从地理学科角度解释各类知识。(1) 事实性知识:主要指地理事实,包括地理术语、地理要素名称、地理数据等,如热力环流概念、气候要素、区域名称、经纬度等。(2) 概念性知识:主要是地理要素间的关系、原理、规律、分类等。如地理整体性原理、天体系统级别、人口增长的几个模式等。(3) 程序性知识:指地理技能、方法、策略、思维、规则等,又称为“条件式知识”,如读图分析、比较分析、综合分析等的方法、技能和思维。(4) 元认知知识:主要指学生自我认知、有关学习任务和方法要求等的知识,如总结归纳,列出知识结构等学习方法策略知识,这些知识有助于深度理解学习过程、自主与合作学习的实质。

2. 认知维度

认知目标分类中的变化是将“领会”改为“理解”,“综合”改为“创造”;“评价”与“创造”交换位置,以突出创新的作用;分类表由一维变为二维;知识维度增加了元认知知识。

平常所说的知识,是指事实性知识和概念性知识,合称陈述性知识;技能则指程序性知识。知识类型与认知过程是有规律对应的,分低级和高级两类认知过程。低级认知过程是指记忆(含再认和回忆两类)事实性知识、理解(包括解释、举例、分类、比较、说

明、总结、推断教学信息中的意义)概念性知识、应用(在特定情境中执行和使用)程序性知识。要求特定的知识必须准确、规范,称为“刚性过程”,属于知识和技能目标。高级认知过程则是分析(比较和综合分析等)、评价(依据标准来判断)、创造(迁移运用形成新的模式或结构)三种,既能整合各类知识,又能促进第一类认知过程中的记忆、理解和应用能力,称为“柔性过程”,属于过程、方法与情感目标。

二、将知识维度细化为核心素养维度

布卢姆的学生安德森修订的认知目标新分类依旧是为知识维度的认知目标所构建的。我国教育进入核心素养时代,不能只为知识目标服务,应该根据地理核心素养要求,将认知目标分类表中的知识维度细化为关键能力和必备品格,包括知识、技能、方法、思维、情感等。知识和技能认知目标可以是所有层次,方法与思维认知目标可以是分析、评价和创造层次,情感认知目标可以是分析、评价这两个层次。如表 36 所示。

表 36　知识维度细化为核心素养维度的认知结构表

核心素养维度(知识、技能、方法、思维、情感等)	认知过程维度					
	识记/回忆	理解/领会	应用/运用	分析	评价	创造
地理知识(事实性知识和概念性知识)						
地理技能(程序性知识)						
地理方法(程序性知识)						
地理思维(程序性知识)						
自我总结、反馈等(元认知知识)						
地理情感、价值观						

三、学生学习活动的过程和效果应与认知目标一致

紧密联系教学要求、学生学习要求、评估标准,三者一致,有利于学生对认知目标的理解和自觉执行。

1. 制订详细具体、可操作的认知目标

所设定的认知目标要具体化和有操作性。教材内容和教学活动都有相应的可操作的认知学习目标,教学目标越具体越能选择相应的教学(或学习)策略和评价方式(如理解、应用、分析等)。各类认知目标有层次性,各类层次间可以交叉重合、逐层递进。以“洋流”教学为例,据课标、教材内容、学情、知识类型等,确定洋流概念、成因、分布、影响等内容的认知目标,然后确定相应的教学策略。本节的学习任务主要是理解、分析和运

用三个目标层次，记忆层次较少。如表 37 所示。教学的重点在于：在探究活动过程中建构知识体系，以培养学生的理解、分析和运用能力为重点。

表 37　“洋流”一节认知学习目标分类表

知识类型	知识、技能、情感等	认知过程维度						教学策略(学习方式)
		识记	理解	应用	分析	评价	创造	
事实性知识	洋流概念	√	√					自主学习
程序性知识	寒暖流判断		√	√	√	√		合作学习、案例分析
概念性知识	洋流成因		√	√	√	√		教师引导、案例分析
程序性知识	洋流模式图绘制		√	√	√	√	√	自主学习
概念性知识	洋流分布	√	√	√	√			合作学习、案例分析
概念性知识	洋流影响		√	√	√	√	√	合作学习、案例分析
元认知知识	总结归纳、反馈、检测	√	√	√				自主学习
情感表达	人地观				√	√		自主领悟

2. 根据认知目标，设计相应的学生学习活动

根据知识类型和认知目标，选择相应的学生学习活动类型和学习方式。如洋流概念的认知目标以记忆、理解为主，对应的学习活动就是记忆和理解洋流概念，并根据世界洋流分布图说明典型洋流名称和流向。学生学习方式主要以自主学习为主。同时，为设计有意义的认知学习活动，首先根据认知目标区别三种学习结果：死记硬背式的无效学习、接受式的机械学习和建构意义的发现式学习。

一类知识类型有多个认知目标，如上述洋流影响，有理解、应用、分析、评价、创造五个认知过程。如何实施和评价各层次目标？可以设计递进式问题链。每一步的问题对应一个认知目标，由浅入深，逐层推进，逐渐升级到更高的认知目标——“创造”目标。

3. 运用元认知能力全程监控学生学习活动

学生学习活动是否达到认知目标，可以运用学生的元认知能力把控学习活动全过程的质量和效果。元认知能力包含提出学习问题、做好学习计划、监督执行计划、反思评价学习活动、及时补救失误五个环节。对应学生的学习活动应该分别为发现和思考问题、设计解决问题方案(或学习活动的方法)、进行学习活动、反思评价学习活动、纠正学习错误。当然前提是：师生都能清楚明白认知目标和解决问题的目的。评价和反思是否达成认知目标，都应伴随学习活动全程。

4. 多元化评价是否达成认知目标

可以从学生学习角度评价认知活动的效果。评价方式可以多元化且有广泛性，如合作评、师评、学生自评和互评等；采用“求同”与“求异”相结合的“差别式表现评价”，如

“有统一标准、无标准答案”的评价;也可以采用过程性的档案记录方式,不仅注重“表现性”评价,还要重点考查学生思维能力、团队协作、信息素养、情感态度价值观等。高中阶段地理教学终极目的是提供给学生结构更好、层次更高、价值更大的关键能力和必备品格,全面提升学生地理核心素养。

5. 依认知目标设计检测题,诊断学生的学习效果

学生学习活动的过程和结果会造成其内在能力和心理倾向的变化,但无法观察和直接测量。为此,布卢姆认知目标新分类法使用了可观可测的行为动词,运用表现性评价观察其外在行为表现来推断学生内在的心理变化,从而诊断学生的学科知识、学科能力、情感达成目标情况等。因此,在学习活动完成后,根据教学目标和认知目标,设计学生学习结果测试题,测试学生是否达成这两类目标。

第六章　活动成果感觉化：新课标理念“落地”开花结果

第一节　培养有“地理感”的现代公民

就像美术有美感、音乐有乐感，语文、英语有语感，数学有数感，以及人们日常生活中自然形成的时间感、空间感一样，地理学习应该存在着“地理感”的意识和行为。

学生在参与各种地理学习活动中，逐渐获得各种地理关键能力和必备品格，即提高了地理核心素养，这一过程称为学生活动成果“感觉化”，或说获得了“地理感”。

一、“地理感”的内涵

（一）“地理感”是学生在学习地理的过程中形成的“地理感觉”

在科学设定好素养目标后，再历经“展示情境→设计问题→探究活动→归纳提升结论”，最终到了展示活动成果阶段。学生在经过这几个阶段的学习后，最大的变化应当是提升了地理素养，这种地理素养内化为学生的地理感觉，如时间感、空间感、人地协调感等，或说是获得了“地理感”。

（二）“地理感”是一种内在的综合的地理核心素养

个人认为，学生在学习地理的过程中，不断领悟、内化和升华，不会将四大地理核心素养割裂开，而会有意将四大地理核心素养整合起来，最终内化成内在的综合的地理核心素养，这就是“地理感”。它主要包括三部分：学生内在的自主建构能力、解决真实问题的能力、认知情感与价值观。前两部分为关键能力，第三部分为必备品格。

在学生的地理关键能力方面，“地理感”是指学生对空间分布的概括、归纳能力，地理特征的比较分析和综合分析能力，地理动态过程的观察、总结和趋势预测能力，地理因果和依存关系的推理、分析能力，图示学习技能中的读图、绘图能力等。

例如，概括能力是学生的关键能力之一。因为概括是一种高级的能力，能把事物的共同特征抽象出来并简洁地表达出来。有思维差异的学生，概括能力也有差异：初级概括能力只能停留在感知觉和表象水平上；高级概括能力则能概括出事物的内在联系和本质属性。根据教育心理学理论，提高概括能力关键在于变式训练，即提供一组相似正例，虽然外在特征不同，但本质特征不变；也可以提供反例，使学生概括精确，方便应用。

再如，问题解决能力也是学生的关键能力之一。心理学认为，问题解决是指学生在新情境中运用所学知识产生一个新的解决策略。它是一种高级学习形式，伴随着认知情感和意志的活动。套用所学的原理和概念只是在运用知识，并非真正地解决问题。提升学生问题解决水平的策略有：一是学生掌握结构化的知识；二是利用合作学习方式；三是学会普遍性的问题解决方案；四是正确理解问题。

在学生的必备品格方面，"地理感"是指学生对地理情境、概念、原理、规律、思想、思维等的记忆、理解、观察、体验、领悟等内在的认知，以及在学习地理的过程中所产生的情感、美感、成就感、直觉、知觉、感受、感想、感情、情绪、好奇心、想象力、兴趣、信心、激情等心理活动，如对情境、问题、活动过程、表达等的感知体会等，经过深度思考，体验成功、挫折、乐趣，获得思路、方法和工具，从而建构自己的知识体系和素养体系。这种理解和感受可以帮助人们用灵活的方法为解决复杂的问题提出有用的策略。

二、"地理感"的主要表达形式

地理理性表达是"地理感"外显最主要的形式之一。感性认识很多都是缄默的，而理性认识很多都是显性的。"地理感"外显是一种理性表达方式。教师在教学后，通过总结归纳教学经验实现教学水平的跨越；类似的，学生在学习后，通过地理理性表达的过程和表达的结果，可以使所学的地理知识、能力和情感实现与以前的经验、知识、能力有效对接，从而内化为学生新的知识架构、经验和能力，并升华情感。所以，地理理性表达是学生地理综合素养和各项核心素养的综合集中表现。地理理性表达形式多种多样，如写小论文和调查报告等书面形式，还有辩论、实践、交流等实践形式，都能反映学生"地理感"的程度和水平。

三、提出"地理感"的主要意义

提出"地理感"的本意是：摆脱目前灌输式教学和强迫学生接受式学习的困境，转为注重学生内在的主动领悟和感受。关注学生学习过程和对学习对象的"地理感"，要求教师引领学生重视学习过程中内在的学习感受和感知。感受是心灵上的领悟，是个体对外界所有的理解、认知。经验的累积，都是基于感受。感觉、感知、感受会给学生带来系列感情、情绪、情感的反应。教师如果分析过于繁琐，硬性灌输给学生一些自己或教参上的理解，看起来很系统、很细致，但一堂课下来，学生记住的只是有关课文的干巴巴的骨架。文章的形象、情感都不见了。其实就是教师在以自己的思想去代替学生的思维和想象力。常听说"好学生不是教出来的"，所以，学生的"感悟"能力便显得尤为重要。提倡把课堂还给学生，引领学生自主发展、生动发展、创新发展。

四、培养有“地理感”的公民

一个具有一定程度的“地理感”的学生，当遇到与地理有关的具体问题时，就能自然自觉有意与地理联系起来，学会“地理”地思考问题。我们没有必要、也不可能让学生都成为地理学家，但可以培养学生具有“地理感”的意识和行为，培养他们能从现实情境中发现地理问题，并试图用地理的观念和方法来理解、解释和解决实际问题，这才说明学生真正地具备地理素养了。因此，训练学生“地理感”的方法是：设置真实的生活、生产情境，运用所学地理知识、方法、技能、思维等，解决真实的地理问题。培养学生的地理领悟能力是形成“地理感”最重要的途径。

第二节　地理成果表述历经三大感觉阶段

学生活动获得的成果多种多样，如知识与技能、地理思想、地理方法、实践活动、人际交往等都有获得感，主要成果就是核心素养的显著提升。无论哪种成果，都需要学生运用地理语言表达出来。所以，地理教学的侧重点在于培养学生良好的表达地理成果的能力，那就是在地理专业表述上，要有成果感觉化。

随着学生学习地理逐步深入、领悟能力不断提高，表现在表述地理结论上，则为经历了三大感觉阶段：印随感觉、关联感觉和学术感觉阶段。这里用了心理学上的“感觉”两字，不仅仅指心理学严格意义上的“感觉”，还主要指学生学习地理过程中的体验、体会、领悟所达到的不同心理感觉和学科能力境界。这三大感觉有区别有联系，在心理学机制、情境、问题、活动和结论上各不相同，但又有递进的关系。

提出三大感觉阶段的主要意义在于：一是应该重视培养学生的领悟能力，二是能够据此评价学生领悟的程度和水平；三是在实际教学中，避免过度训练学生的“学术感觉”而引发诸多不良后果；四是对其他学科教学也有重要的参考价值。

一、第一阶段——印随感觉

（一）印随感觉是初始学习感觉

印随感觉主要是初学某个地理概念和原理时，对情境的最初印象感觉。学生初学陌生、深奥的地理概念、原理，在记忆、理解、表述和再现时，需要形象情境紧密伴随，离开了这个情境，学生就无法说出相应的地理概念和原理。所以，先入为主的情境对学生记忆的影响非常大。例如，学生理解热力环流的形成，往往首先想到某时某地做的热力环流实验。印随感觉产生的主要原因是：学生新接触地理概念和原理，对此较陌生，只能借助教师首先给的第一情境或凭借自己初次接触获得的经验来理解和识记。此阶段，学生只是靠阅读、听讲、观看来学习，对地理知识印象不深，随时都会忘记。这说明，学生第一次学习某个地理概念和原理时，没有将其真正融入自己的感觉、经验和以往的知识体系中。印随感觉一般是原始、肤浅、不准确的认识感觉，也是初学时对陌生地理概念和原理的初始感觉。

（二）印随感觉的心理学机制

1. 学生初次学习时有类似动物的印随现象

一些刚孵化出来的幼鸟和刚出生的哺乳动物，如大部分鸟类、豚鼠、绵羊、鹿、山羊和多种鱼类，如果身边没有它们的母亲，它们会把首先接触到的第一个移动目标，如移动的玩具、人、其他类的动物等，视为它们的母亲而紧紧跟随，并模仿这个目标的动作。这就是印随行为。如刚孵化的小天鹅如果没有母天鹅，就会跟着人或其他移动的目标走。

印随学习是动物出生后早期的学习方式，是通过视觉刺激大脑皮层产生的一种行动。这是刚出生的动物跟随妈妈的过程中，逐渐在视觉反射与躯体运动反射之间建立的暂时连接。

我们人类也有印随现象。比如，我们往往都对第一次铭记在心。第一次恋爱叫初恋，第一次接吻叫初吻。工作第一年教的学生名字虽然过了许多年仍然记忆犹新，而后面很多年所教学生的名字则不容易被记住。

2. 印随感觉实际是一种感觉心理现象

心理学上对感觉的定义是：感觉是人脑对直接作用于感觉器官的客观事物的个别属性的反映。包括两类：一是外部感觉，由身体外部刺激作用于感觉器官所引起的感觉，有视觉、听觉、嗅觉、味觉和触觉；二是内部感觉，反映人体本身各部分运动或内部器官发生的变化，有运动觉、平衡觉和机体觉。

3. 印随感觉来自于对地理情境信息的感觉

通过人的感觉，人能够了解内外环境的各种属性信息，如颜色、气味、软硬等；人的知觉、记忆、思维等复杂的认识活动，必须借助于感觉提供的原始资料；人的情绪体验，也必须依靠人对环境和身体内部状态的感觉。因此，感觉是一切较高级、较复杂的心理现象的基础，是知识的来源。

4. 印随感觉是直觉思维的过程

所谓直觉，就是直观感觉或直接感到，没有经过逻辑分析推理得到观点。直觉是意识的本能反应，不是思考的结果。与分析思维相反，直觉思维是非逻辑思维，特点是：直接、快速、跳跃、个体性、坚信感、或然性（可能对也可能不对）。直觉常被称为人类的第六感觉。直觉突显于人类的大脑右半球逻辑思维方式，它能迅速识别、深入洞察突然出现在面前的新事物、新现象、新问题及其相互关系。

从心理学上解释，印随感觉是感觉的直接投影。从感觉来的东西，一般都是直接投影到中枢，使人立即明白该感觉的性质，比如一个人看到“自由女神”文字，就会在脑海中立即想象到其中的模样等详细场景。这种直接投影就是人的一种直觉思维方式，这说明思维和感觉是相连的。

(三) 印随感觉的表达方式：经验＋术语

在印随感觉阶段，学生主要以个人经验来认识和理解术语，形成一种“经验性术语”，缺少地理规律的实质内容，属于经验性领悟性质。

学生初学时，凭着刚刚接触的情境，在表述上出现了一些现象：(1)使用不太准确的口头语，夹杂着不科学、浓厚的个人经验认识。如将空气“上升”“下沉”分别说成口语中的“向上”“向下”。(2)不能正确说出术语原句，用错术语。如将“大气逆辐射”说成“大气逆反射”；把“副极地低压带”说成“副热带低压带”等。(3)将术语与以前类似术语混淆。如将大气的“削弱作用”说成“消弱作用”。(4)不能将地理事物有逻辑地、完整地关联在一起。如发展城市第三产业与提高城市就业率相关联，但不少学生在回答如何解决城市就业难时，将这两句分开作为两项举措叙述。(5)有时学生虽然用对了术语，但对其内涵的理解非常表面、片面。印随感觉实际就是学生对情境的初始感觉，是一种浅度学习的感觉。这一阶段，认识的地理要素单一，较少看到各要素间的联系，地理素养水平处于低层次，思维结构属于低级的单点或多点结构。

欲使学生顺利越过这一阶段，需要学生亲自尝试和体验学习过程，书要学生自己读，字要学生自己写，语言要学生亲口说，活动要学生自己参与，多进行讨论交流，自我不断理解感悟，使地理术语入脑入心。这一过程中，教师必须持续指导和纠正，将其领悟引向后两个感觉阶段。

二、第二阶段——关联感觉

关联感觉是大多数学生学习地理所经历的感觉。学业水平测试题就是测试学生的这一感觉水平。学生经过一段时间的学习，已经理解了基本原理，但在表述专业术语上，还离不开情境和背景信息，并渗透着自己的感觉和感性认识。所以，关联感觉的表述用语都有学生自己理解的特定的意义。

学生学习地理概念和原理，在印随感觉的基础上，又接触了其他情境，并且参与到有关学习活动中，在活动中逐渐有了对地理概念和原理的感觉、体验、认识和领悟。进入这一学习阶段的学生，在表达地理概念和原理上，带有个人对地理的感觉色彩，带有明显的乡土和生活感觉感想。

(一) 关联感觉表述方式：情境＋术语

关联感觉处于印随感觉和学术感觉之间，其情境具有过渡性，在学习上具有阶段性。因此，学生在对地理结论的表述上，会给一些地理术语加上一些形容词，或者带有具体、形象的描述，即地理结论带有情境，是“情境性术语”。这是因为学生对地理术语的理解还离不开具体的情境，是在形象基础上的抽象描述，形成有意义的结论，属于情境性领悟性质。学生面对情境，学习地理术语，此时接收的是地理情境和地理术语，再经分析教师预设的问题后，对情境和术语有了自己的感觉，然后以“情境＋术语”的表达方式输出。这一阶段，学生能够有意义地将各要素联结在一起，各种地理素养达到中上水平，思维结构属于中等级别的关联结构。

学生的关联感觉表述方式启示我们：在表述地理术语时，必须结合生活化、具体化的情境。如叙述工业区位的交通条件时，根据所给的图文情境资料，将之说成"工业区接近铁路和公路，交通便利"，而不是只说干巴巴的纯粹地理术语"交通便利"。再如叙述资源条件时，说成"煤铁资源丰富，接近原料和燃料产地"，而不只是教科书上所说的"资源丰富"。

再如，在一次测验中，学生普遍选错一道选择题：西北内陆区发展棉花生产的优势条件是：A. 夏季雨热同期 B. 土地广阔肥沃 C. 光照强，昼夜温差大 D. 灌溉水源充足。本人在讲评时要让学生理解所选的正确答案 C，所用语言必须生活化、通俗化、情境化、具体化。于是先说："新疆的瓜果既大又甜。"目的是把西北内陆地区具体化为其中一个地区——新疆，再把学生不能在棉地里见到原生态的棉花具体化为学生经常能吃到的瓜果，这就是地理语言的具体化和情境化。然后提问："为什么新疆的瓜果既大又甜？"师生共同解释："大，是因为气候干旱，晴天多，光照强，植物光合作用强，制造的有机物成分多。""甜，是因为昼夜温差大，瓜果中转化成糖分多。"这就把具体情境的"大"和"甜"分别与专业术语"光照强""昼夜温差大"联结起来，同时理解了瓜果的优势条件，自然也能类推到棉花优势条件，两者是一致的。

（二）关联感觉的心理学机制

关联感觉是一种知觉心理现象。有别于感觉是客观事物个别属性的反映，知觉是人脑对直接作用于感觉器官的客观事物各个属性的综合整体的反映，是感觉的深入与发展，是高于感觉的心理活动。对某客观事物或现象感觉到的个别属性越丰富、越完善，那么对该事物的知觉就越完整、越准确。知觉是在感觉的基础上，对客观事物的各种属性及其之间的关系进行综合、分析和解释的心理活动过程，表现出了人的知识经验和主观因素的参与。因此，知觉并非是感觉的简单相加，它是在个体知识经验的参与下，以及个体心理特征，如需要、动机、兴趣、情绪状态等综合影响下产生的。所以，积极调动学生的主观因素，综合分析地理事物多个属性间的联系，可以提高学生的关联感觉水平。

（三）培养学生关联感觉的主要途径

学生是建构关联感觉的主体。课堂真正的主人是学生，教师是一个引导者，尽量不要替代学生完成他们应当完成的任务。学生情感是在学习过程中逐渐感知出来的，而不是学习的最终结果。

设计开放性问题，引导学生从多个视角全面、综合分析和解决问题，可以训练学生的关联感觉。特别是学生面对新情境，不知用什么地理专业化术语来叙述。这需要提高学生面临复杂情境下的应对能力。

给学生布置读图作文，增强原理图示中学术文字的情境性和意义性。地理原理图表示地理概念、原理和规律，学术性较强。但要训练学生对图示原理的关联感觉，必须增强原理图示中学术文字的情境性和意义性，使地理抽象原理与情境密切关联。但是，目前地理教学普遍存在碎片化读图问题。如将地理图示中抽象的箭头、线条等标上数字或字母,然后由学生说出各部分作为单独个体的意思,学生只能读出教材上该图示相应符号上标注的文字作为标准答案,但不一定理解各部分之间内在的联系。这种教学方式的主要缺点是:将完整的原理图肢解为各个孤立、互不联系的碎片化图示,同时使一幅图示表达的完整意义分裂为零碎意义的知识。

改变上述现状主要途径是:给学生布置读图作文,完整"讲述"图示隐含的深度地理故事,目的是充实、丰富图示各线条符号表示的意义。先分段"讲述"地理故事,再将各段故事联结成一个完整的地理故事。

1. 分段"讲述"图示故事,复原学术文字的完整信息和意义

即将原理平面图中的文字回归原句,增加图示文字的情境信息量、意义性、形象性和生活情境。

比如,教材上有关大气受热过程的原理平面图中,各箭头标注的文字虽然简洁、精练,但抽象、概括,学术用语较强,学生看后,仍然看不懂其中的意思。如图 26 所示。

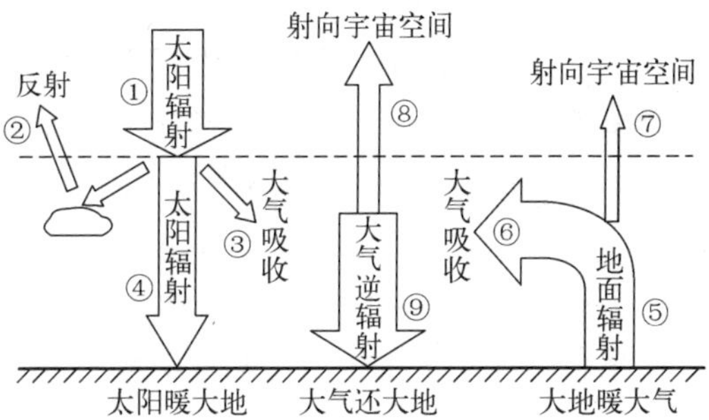

图 26 教材上的热力环流原理

每个箭头上的文字量增加后,学生能够完整叙述箭头表示的含义。要求学生尝试用自己的语言或参考教科书用语,按照前后箭头间的内在联系,将图中各箭头标注的简短文字,复原为完整的语句,以便学生充分读懂图示表示的地理原理和规律。如表 38 所示。

表 38 大气受热过程各箭头完整意思

箭头序号	①	②	③	④	⑤	⑥	⑦	⑧	⑨
原图文字	太阳辐射	反射	大气吸收	太阳辐射	地面辐射	大气吸收	射向宇宙空间	射向宇宙空间	大气逆辐射
添加文字信息	未进入大气层的太阳辐射	大气(云层)对太阳辐射的反射作用	大气吸收太阳辐射中的红外线和紫外线	地面吸收太阳辐射或太阳辐射最强的可见光到达地面	地面向大气和宇宙产生地面辐射	大气中的水汽和二氧化碳吸收地面辐射或大气的热量主要来自地面辐射	射向宇宙空间的地面辐射	射向宇宙空间的大气辐射	射向地面(或补偿地面热量损失或返还给地面)的大气辐射

本人在教学中，要求学生用完整的句子正确叙述图示各箭头表示的意思。学生叙述后，即对该图示表述的原理有了深刻理解。如图中标注的文字分别有两个“大气吸收”、两个“射向宇宙空间”、两个“太阳辐射”，但其本质意思是不同的。③表示的“大气吸收”是指大气吸收太阳辐射的红外线和紫外线，而⑥表示的“大气吸收”则是大气吸收地面辐射；⑦和⑧都表示“射向宇宙空间”，但其完整意思分别为“射向宇宙空间的地面辐射”“射向宇宙空间的大气辐射”。两者仅一词之差，意思完全不同。①和④均标“太阳辐射”，这里意思分别是：“未进入大气层的太阳辐射”“地面吸收太阳辐射”。

2. 将各段故事联结成一个完整的深度地理故事，细致展现地理发生全过程

学生逐个读出上述各箭头代表的意义，只是断续的地理故事，有必要将各箭头的意义按地理故事发生过程完整地续接起来，使之成为深度情境的地理图示。

故事一：大气对太阳辐射有削弱作用

太阳辐射进入地球大气层后，有三种方式被大气削弱：一部分被云层反射回宇宙空间，一部分被散射，还有一部分红外线和紫外线被大气吸收（大气吸收有选择性），而能量最强的可见光则穿越大气到达地面，被地面吸收后，地面增温产生地面辐射。这说明地面热量来源于太阳辐射。

故事二：大气对地面有保温作用

地面辐射绝大部分被大气中的水汽和二氧化碳吸收，这说明近地面的大气热量主要来源于地面辐射。大气因吸收地面辐射和一小部分太阳辐射（红外线和紫外线）而增温，同时产生大气辐射。大气辐射中一部分射向宇宙空间，大部分返还地面，所以这部分大气辐射被称为大气逆辐射。大气逆辐射补偿地面辐射损失的热量，所以大气对地面有保温作用。

故事三：我们见过哪些相关现象

为什么“高处不胜寒”？这是因为地面辐射是大气热量的主要来源，所以离地面越高，得到地面辐射越少，气温越低。

为什么海拔越高，气温越低？这是因为海拔越高，空气越稀薄，水汽和二氧化碳越少，吸收地面辐射越少，射向宇宙的地面辐射较强，因而气温较低。

为什么阴雨天昼夜温差小？而晴天昼夜温差大？因为白天阴雨时，云层反射太阳辐射，大气对太阳辐射削弱多，到达地面的太阳辐射少，地面温度不高；夜晚阴雨时，水汽含量大，吸收地面辐射多，大气逆辐射强，地面温度较高。

为什么全球气候逐渐变暖？工业排放大量二氧化碳，吸收地面辐射较多，所以气温升高。

为什么月球表面昼夜温差比地球大？白天，月球无大气对太阳辐射的削弱作用，月面温度较高；夜晚，月球无大气对月面的保温作用，月面温度较低。

为什么玻璃温室有保温作用？白天，太阳辐射可以穿透玻璃进入温室，被室内地面吸收产生地面辐射，而玻璃又阻挡地面辐射透出去，因而起到对室内地面的保温作用。

给学生布置读图作文可以达到上述目的。读图作文的五项要求是：将图示信息解读得有情境有意义；地理发生过程连贯、完整；明晰地表达术语：太阳辐射、地面辐射、大气辐射、大气逆辐射、大气对太阳辐射的削弱作用、大气对地面的保温作用、大气对太阳辐射吸收的选择性；能解决两个原理性问题：一是能量在太阳、地面和大气中的传递过程；二是地面热量和大气热量的来源分别是什么；能解释和解决生产和生活中的真实问题。

3. 增加文字信息的通俗性

用通俗、形象、生动的语言来描述抽象的原理，学术用语的生活性、情境性、意义性显著增强。如太阳辐射穿过大气到达地面，被地面吸收，可以将这一过程的意义具体、形象地描述为“太阳暖大地”；将大气逆辐射的意义描述为“大气还大地”；将大气热量主要来自地面辐射的过程描述为“大地暖大气”。这三句“俗语”简洁、精准地描述了三个术语的内涵。用通俗的语言描述术语，简单易记易懂。

三、第三阶段——学术感觉

（一）学术感觉就是学习术语的感觉

学生的印随感觉、关联感觉离不开情境，当学生深入学习后，可以离开情境掌握抽象的地理术语，学生学习术语的感觉就是学术感觉。它是对前两个感觉的总结、归纳、抽象与提升，属于专业性领悟性质。在思维结构上，属于高级的拓展抽象结构。

学生在表述地理学术感觉的方式上，能够使用带有地理思维结构、知识体系和素养体系的专业术语。思维结构指有逻辑关系的地理思维，如因果关系、递进关系、相互关系、综合关系、关联结构等。知识体系是指知识被纳入地理内容的系统性结构中。素养体系指能充分体现地理的四个核心素养。

（二）学术感觉的心理学机制

1. 学术感觉是左右脑充分发挥综合潜能带来的“成果”

右脑擅长形象思维；思维特点是从整体到局部，从模糊到清晰；专长是带来灵感和顿悟；被称为“本能脑”“创造脑”“音乐脑”“艺术脑”。左脑擅长逻辑思维；思维特点上具有逻辑性和顺序性；专长是语言操作和逻辑推理；被称为“意识脑”“学术脑”“语言脑”。左右脑的思维结合起来，解决了学术结论从哪里来又回到哪里去的问题：从形象情境中来，通过顿悟和逻辑思维形成抽象的学术结论；学术结论又回到形象情境中去，用于创造性解决现实情境问题。如图 27 所示。

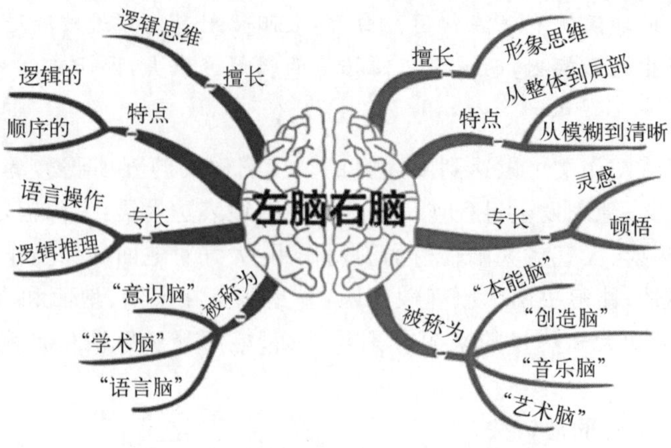

图 27　左脑与右脑带来不同的学术感觉

2. 学术感觉是理性感知的结果

人类用心念来诠释自己器官所接收的信号，这称为感知。感知包括直觉和知觉。感觉是躯体的反应，是感性的，是主观的判断。如感觉到天气的冷或热。感知是思维的反应，是理性的，是通过思维对客观分析后的反应。如通过分析得出对某事的看法。感知的结果就是获得了领悟能力或悟性，这种能力直达事物的本质。因此，必须对感性材料加以思维的抽象，采用分析和综合、抽象和概括、归纳和演绎等逻辑方法，对感性材料进行"去粗取精、去伪存真、由此及彼、由表及里"的思维加工。

3. 感悟是形成学术感觉的重要途径

"感悟"是由感而知、而觉、而悟，这是一个由浅入深，由感性到理性，由低级到高级的认识过程，是人们接触外部事物后有所发现、有所感触而领悟一些道理或思想感情。需要学生凭借对情境的直感，获得某种印象或意义的心理过程，是一种心理上的"妙觉"，因而是意会，不是言传。因此，感悟不是通过教师的讲解就能获得的，只有让学生亲身经历、体验，才能有所感想、体会和领悟。它的表现形式不一，或渐悟或顿悟，或隐藏或彰显。真正的感悟来源于人们的亲身经历与感受，有的是渐渐的领悟，有的则是瞬间的开悟。如受感动而醒悟、觉悟。正是不断的感悟使人们对人生、对事物以及对世界的看法发生改变。高层次的感悟与自身的心境和心力有直接关系。

教师如果搞繁琐分析，硬性灌输给学生一些自己或教参上的理解，一堂课下来，学生记住的只是有关课文的干巴巴的骨架。究其实质就是教师在以自己的思想去代替学生的思维和想象力。这种情况下，"感悟"显得尤为重要。

(三) 三大地理感觉间的关系

在呈现方式上，印随感觉、关联感觉、学术感觉分别为"经验＋术语""情境＋术语""抽象术语"；在学生活动上，三大感觉分别为观察与思考、体验与感悟、总结与提炼；在形成三大感觉的外驱力上，分别为真实情境、开放性问题、创新性评价。三者关系如图 28 所示。

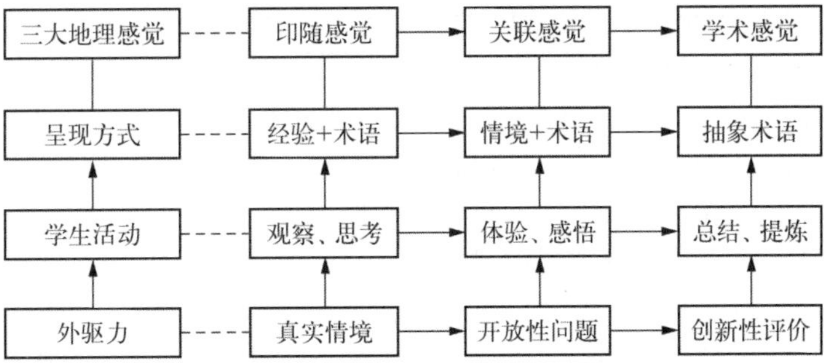

图 28　三大地理感觉之间的关系

(四) 直接将学生引向学术感觉的后果

远离生活的纯学术地理的学习，给学生的感觉是单调、枯燥、高深、抽象的。如果学生不经过关联感觉的学习过程，不考虑学生学习地理的感觉，直接将学生引向学术感觉的后果有：

1. 过度信奉教科书语言，学生失去对地理的自我学习感觉

美国教材对概念的叙述并不专业，只要求通俗即可。而我国教材特别重视地理概念的科学表述，属于学术性地理教材。地理教科书语言是标准化的专业学术用语，它们严谨、科学，不带个人感觉和感情，一般为学习地理专业的人士所用。有的教师教学也顺着教材学术化思路，使用专业术语。由于教材要适应各地学生，所以，教材上所举的例子一般不带有乡土气息、生活气息，基本上都用地理专业术语。

教科书叙述的基本上都是陌生区域的规律，学生对此基本上没有感受。比如，有关产业转移内容，主要叙述世界范围内，如东亚、我国典型区域（如长三角、珠三角）的产业转移方向、原因，以及对转入和转出地区的有利、不利影响。学生可能对这些区域非常陌生，对其产业转移规律也只能以旁观者的视角来思考。正因其与己无关，所以学生理解上不带任何感情色彩，得出的结论也是概括的、固定的、程式化的书面语，都是给人冷冰冰的短语。这些就是教科书式的语言，但是有的教师将其奉为经典的标准答案来评价学生的学术水平。

此外，教材上的学术用语与有同样用语的科普和新闻对学生的吸引力不同。例如，教材上叙述天体系统的级别时，一来平铺直叙，二来为了节约字数，用了“中心天体”“绕转”等精炼且枯燥的专业词语；而有的科普在叙述时用了“家族成员”“邻居”等生动形象的比喻词语，带有情感色彩。这可能就是有的学生不爱看教科书，倒是对地理科普和新闻报道很感兴趣的原因。有的学生在地理小论文里，个人认识和感想描写不够，这可能受到地理教科书语言及其不带有个人感情的影响。

2. 过度练习学术感觉，学生失去对地理的学习情感

不同学习程度的学生，对应着不同的学习感觉阶段。因此，高三平时教学应主要训练学生的学术感觉。

我们有时对学生的学习要求、测试要求，以及教师撰写的地理教学论文，都是把学生向学术感觉方向培养。而要学生达到这个方向，需要增加学习地理的时间。目前江苏很多学校的高一高二学生课程多，地理每周安排两节，实力较强的四星级高中，高一、高二每周只安排一节地理课，只是在学业水平测试前稍微增加一些。所以，在这么短的时间内，培养学生达到学术感觉的水平是有困难的。

我们都想把学生培养到有学术感觉的水平，必然存在急功近利、强迫学生、实施短平快的学习行为，必然采取要求学生熟练记住地理学术化、专业化、概念化的结论、原理、成因、规律、措施等，学生因为过度学习、机械训练，从而厌烦学习地理，对地理学科没有情感。其中厌烦的表现是：对课外地理书籍、教师补充的地理资料不太感兴趣。这种应试教育的学习方式，也必然引起学生反感。这不是核心素养的方向和目标。

3. 过多引入学术用语，会令学生失去学术感觉

有的高考题或平时测验题照搬大学地理教材中的图文资料，答案也使用大学地理教材上的专业术语。这些术语学生从来没有接触过，或者学生靠自己的经验和知识根本写不出这样的术语，学生不可能体验到学术感觉。

（五）引导学生进入学术感觉的主要途径

1. 设计高级地理情境，或者地理学术情境

高级地理情境大多陌生、复杂。一般是没有结构化的真实、现实情境，或者是多样化的地理情境，图文表并存且复杂，概念、规律陌生。学生解答此类问题还要使用专业术语。

2. 解决真实地理问题

指导学生在复杂、陌生情境中解决实际地理问题，如开展地理实践活动，然后总结、归纳、提炼观点结论。有助于提升学生的学术感觉水平。

3. 发展地理学术思维

学生主要靠理性思维来学习教科书上的地理术语、地理思维和思路、专业理论、语言表达方式。学生只有达到学术感觉的水平，才能步入地理的“殿堂”。

4. 应用地理术语

衡量学生是否具有学术感觉的水平，主要看其表达和运用的地理术语，是否能够脱离具体的地理情境，是否有抽象的、概括性的地理结论。如学生回答工业区位优势条件，只需要写上教材上所用的交通便利、市场广阔、政策优惠、资源丰富、劳动力丰富等脱离情境的专业术语，就算正确。这就是具有学术感觉的用语。

5. 学术感觉应符合学生感觉

（1）学术用语应贴合学生用语，而不是专家语言。教师提供地理问题的标准答案应是学生能够凭感觉理解到的答案，而不是专家“感觉”出的答案。我们知道，地理问答题的评分标准，主要根据学生能不能写出关键词或地理专业术语来给分的。但是，有些地理试题，如平时的期中期末统考试题甚至高考题，所给出的答案，学生是根本写不出来的。这样的试题就失去了命题的意义。

比如,2019 年一道江苏省高中学业水平测试模拟卷的问答题是:为了实现生态的可持续发展,西北地区应采取的措施有哪些?所给的标准答案是:合理利用水资源;利用生物措施和工程措施构筑防护林体系;调节农、林、牧用地之间的关系;采取综合措施,多途径解决农牧区的能源问题;控制人口增长。本人批阅了两个班学生的试卷,没有一位学生能够写出上述相关术语。限于学生经验或者学生已学相关的知识不多,或者家乡不在西北,或者没有到西北地区亲自实践、观察、研究,因此写不出上述这些专业化的术语,因为这是“官方语言”,或是专家语言。所以,标准答案应该提供符合学生感觉认知的术语。本人将其改为学生能够根据自己已学的知识写出来的语言:“合理利用水资源;植树种草,退耕还林还草;控制人口增长。”这样的答案,在教科书上能找到,在平时练习中也能找到,学生平时在课堂上也能表达出这些术语。

(2)只有经历关联感觉,方能抵达学术感觉。学生学习地理的感觉发展过程是:印随感觉→关联感觉→学术感觉。大多数学生的学习水平应该处于关联感觉阶段。学生只有经过关联感觉阶段,方能真正到达学术感觉的水平。所以地理教师能够做到的是:把教科书语言变为情境语言、问题语言、活动语言,使学生经历关联感觉的学习阶段,从而顺利获得地理学术感觉。

比如,分析澳大利亚混合农业的特点,根据高中地理不同版本教材,常见有两类表述方式。

第一类表述方式:(1)种植业和畜牧业相互促进,形成良性生态系统;(2)小麦种植和牧羊业的忙闲季错开,有利于合理安排农事活动;(3)可适应市场变化,收入相对稳定。

第二类表述方式:(1)生态效益好:土地交替种植小麦、牧草或休耕,可保持土地肥力;(2)社会效益好:种植与放牧做到忙、闲错开,有效利用时间安排农业生产活动;(3)经济效益好:根据农业政策和市场情况,及时调整种植与放牧的规模,保证稳定的收入。

第一类表述方式没有合理的逻辑顺序,看不清思路,而且所用语句都较为抽象概括,如“相互促进”“适应市场变化”等,都让人不知所云;而第二类表述方式的每一项都由两部分构成:前句为抽象的地理术语——三个“效益”,后面各句则是对前句的解释,且各句间来龙去脉的因果关系清楚,情境性较强,能帮助学生具体理解前句。三项前句的三个“效益”,思路清晰,有逻辑顺序。因此,第二类表述方式最佳,每项既有情境性解释,又用术语来总结,学术感觉与关联感觉运用较好。

(六) 运用三大感觉理念评价学生的地理领悟能力

三大感觉阶段划分,有利于分级评价学生的地理领悟能力和水平。印随感觉属于初级领悟水平,关联感觉属于中级领悟水平,学术感觉则达到高级领悟水平。据表 39,根据学生对地理结论的表达特点来判断学生处于哪一阶段的领悟水平。

表 39 地理领悟能力与三大地理感觉之间的对应关系

<table>
<tr><td colspan="2">领悟水平</td><td>初级领悟水平</td><td>中级领悟水平</td><td>高级领悟水平</td></tr>
<tr><td colspan="2">所处的感觉阶段</td><td>印随感觉</td><td>关联感觉</td><td>学术感觉</td></tr>
<tr><td rowspan="2">判断依据</td><td>领悟情境的水平</td><td>主要靠自己的经验去理解，或只叙述地理表面现象</td><td>理解和表达上，不能离开具体情境</td><td>叙述上可以完全脱离具体情境，或灵活、正确变换原来的情境</td></tr>
<tr><td>领悟术语的水平</td><td>地理术语不用或用得不准确或用经验用语替代</td><td>能用术语表达，但术语与情境间有逻辑上的联系</td><td>能完全、灵活、正确地运用抽象的术语表达</td></tr>
<tr><td colspan="2">表达模式</td><td>经验＋术语</td><td>情境＋术语</td><td>抽象术语</td></tr>
</table>

例如，分析美国东北地区成为乳畜带的主要优势区位条件。学生可能有三种表达方式。

第一种：美国东北部草地多，牛羊多，奶牛场多，养殖业发达。

第二种：纬度较高，气候冷湿，适宜多汁牧草生长，饲料丰富；人口稠密，城市众多，经济发达，乳制品消费市场广阔；水陆交通便利。

第三种：牧草等饲料丰富，城市等市场广阔，交通便利。

以上三种表达方式体现出学生领悟水平处于不同阶段。第一种表达方式说明学生的领悟能力还处于印随感觉阶段，是初级领悟水平。学生把乳畜带同放牧业和养殖业等同起来，没有提到“饲料”“市场”“交通”等专业术语，是一种个人经验性认识。

第二种叙述方式说明学生的领悟能力处于关联感觉阶段，是中级领悟水平。学生将每一个术语从因果关系上阐述清楚。这些术语与情境关联，逻辑关系紧密，学生对术语“知其然，知其所以然”。如正因为“纬度较高”，所以“气候冷湿”，因此才“适宜多汁牧草生长”，故而“饲料丰富”；正因为“人口稠密，城市众多”，所以“经济发达”，因而“乳制品消费市场广阔”。

第三种叙述方式说明学生的领悟能力处于学术感觉阶段，是高级领悟水平。这里重点突出关键性的抽象术语，而情境用语则高度浓缩、灵活，表明已经能够离开原来的具体情境。如“牧草等”“城市等”每个情境都加了“等”，表明“饲料”不仅指“牧草”，还可能有“粮食”；“市场”不仅指本地的“城市”，还可能是本地的“乡村”，甚至是“海外市场”，如乳畜产品出口至欧洲、邻近的加拿大等消费量大的国家和地区。这一阶段的学生对情境和术语的概括、归纳和抽象理解能力都较强，看问题也较全面。

常言道“好学生不是教出来的”，意思是“好学生主要是靠自己领悟成长的”。三大感觉观念关注了学生在学习中的领悟过程，而这正是我们在教学中最该重视的关键之处。虽然是从地理教学角度提出来三大感觉理念，但对其他各科教学都有参考价值。

第三节　地理学科感觉概念及其特点

地理核心素养较概括、抽象,用“地理感”来表示它则较为明晰、精准、通俗,“地理感”的具体表现形式为“地理学科感觉”或“地理学习感觉”,这是对“地理感”具体、形象化的解释。因此,地理核心素养是宏观概念,“地理感”则为中观概念,而“地理学科感觉”则为微观概念。这里的“感觉”比心理学上的“感觉”更宽泛,一方面包括学生学习地理伴随的直觉、知觉、领悟等心理活动,因为“一切知识都是从感官开始的”(夸美纽斯);另一方面指学生学习地理达到的学科能力境界,是学习心理活动与地理学科能力相融合的“感觉”。例如,学生在学习地理过程中,获得地理关键性的技能、学法、学习情感、学习信心等,以及相关感受、体验与领悟,都属于学习地理的感觉或“地理感”的范畴。

一、“地理学科感觉”的提出

本人经常听到有教师提及不少学生对地理学科没有一点学习感觉和情感,这些学生在课堂上的学习表现要么无动于衷、麻木不仁,要么交头接耳、小动作不断,令人头疼。有些学生也常常向教师诉说:“我感觉(觉得)学习这些地方太费劲。”“我感觉(觉得)这些地方好学。”“我感觉(觉得)这点听不懂。”“我感觉(觉得)这些太抽象。”“我感觉(觉得)我的思路与老师的思路不一样。”“我感觉(觉得)我想不通。”“我感觉(觉得)始终学不会。”“我感觉(觉得)……”这一切似乎说明,学生自我评价自己学习的过程和学习结果,都与主观感觉有关;或者学生的学习效果与学习兴趣,与其有没有对学科的学习感觉有很大的关系。

本人在参与一项省级课题的结题时,课题主持人谈到初中生对地理学习不感兴趣,主要原因是这些学生对地理学科没有情感,因此,学习情感与学习感觉紧密相连,于是提出了学科感觉的概念。

什么是学科感觉?个人认为,学生学习学科过程中所经历的感觉,包括学生在运用学习方式(自主学习、合作学习等)、实践活动(观察、实验、调查等)、学习方法(记忆、理解、应用和表达)、学习技能(绘图、读图、读书、答题等)、学科思维(因果、递进、比较、归纳等)、学科思想等过程中,亲身经历活动、思考、分析、体验、探究、领悟等学习活动所带来的身体、心理、能力提升上的综合性学科“感觉”。提出“学科感觉”观念,有利于从学生学习学科的自我感觉角度,来分析学生对学科学习的情感和兴趣,并能够进一步深入理解和自觉落实因材施教、以生为本和建构主义的教学理念。

建构主义要求学生由外部刺激的被动接受者和知识灌输对象转变为信息加工的主体、知识意义的主动建构者。这里的关键是学生对学习材料的主动加工,“加工”是通过什么行为进行的?很显然,这个“加工”是学生在学习过程中所获得的自身感觉,及对学习原理的思考领悟感觉。

二、地理学科感觉的概念

地理学科感觉是获得地理学法的感觉。不同知识类型对应不同的学习方法和学习感觉。有的知识需要识记,有的知识需要理解,有的知识需要体验,有的知识需要领悟,有的知识需要实践,有的知识只需知道就行。不一样的知识,学习要求不同,不能用死记和机械练习来学习一切知识。其中的理解、体验、领悟、实践等,就必须结合学生自身的学习感受。只有把知识类型与学生真实的学习态度、情绪、经历、基础、性格、智力、现有条件等有效地统合起来,优化为一种策略和程序,学生才能迅速在现实情境中找到解决问题的角度、途径、策略、技术和方法。

地理学科感觉是学生对学习过程的感受。包括对情境的感受、对活动的感受、对问题的感受、对地理结论的感受。

地理学科感觉是学生体验和领悟的感觉。学生在地理学习、实践活动的体验过程中,悟出其中的原理、规律、学习方法,以及对概念的深层次理解等。

地理学科感觉是学生获得地理情感的感觉,如家国情怀、乡土情感、校园情感、生活感想等感觉。

地理学科感觉是学生增强学习地理的兴趣和信心的感觉。学生在活动中能够建立信心,多样化活动能够增强学生学习兴趣、学习热情。所以,多让学生说、做等,如做实验、开展地理实践活动等,让学生体验学习地理的乐趣,体验成功和展示的机会。

三、地理学科感觉的特点

1. 创新性

好奇心和想象力的身心感觉可以唤醒学生的创新意识和创造力,或者说,创新感觉来自学生好奇心和想象力。学生有了好奇心就有了问题意识,有了问题意识就有了求知欲,有了求知欲就有了探究兴趣,探究过程就是持续思维的过程,就有可能爆发创造力所需要的灵感。

爱因斯坦说:“我没有特殊的天赋,我只是极度地好奇。”“想象力比知识更重要。因为知识只是局限于我们已知的一切,而想象力将包括整个世界中那些未知的一切。”他讲的好奇心和想象力,是超出知识以外的因素,这正是在我们以知识为中心的教育中不太受重视的方面。

2. 个性化和差异性

好奇心的感觉来自个性化和差异化的感觉。有些问题,不仅仅小孩子好奇,大人也好奇。让人产生好奇心的最好办法就是提出疑问,不告诉答案,而是指出解决问题的办法。学生有了好奇心,会处处充满疑问,总想通过自己的努力找寻结果。但只要给了标准答案,那学生就再也没有好奇心了。

师生的地理学科感觉有差异性。学科教师一般都能正确使用专业术语表达本学科知识，这是经过长期专业化训练的结果。而学生则不然。因为学生思维不够成熟且处于不断变化中，加上学生学习本学科时间没有教师那么长。所以，在学生使用学科术语的准确性、严谨性和熟练性上，不能与教师同样的要求。

学生真实的地理学科感觉来自对地理概念和原理个性化的认识。过去老版本高中地理教材上有些概念如“水气输送”“内陆循环”，在最新版教材中，分别变成了“水汽输送”“陆上内循环”。所以，有些专业术语并不是一成不变的。有的学生在表述教材上的术语和原理时，带有鲜明的情境化、个性化、差异化的理解，有时给术语以个性化的命名，这是可以理解和原谅的，关键是要让学生说明自己观点和理由，教师最后给予点评并让学生纠正。这样做可以使学生活学活用地理原理，构建学生自己理解的知识体系。

3. 递进性

学生在经历情境—问题—活动三个教学环节的过程中，体验到的学科感觉是逐级提高的。

初级感觉：在真实情境中找到真实感觉、原始感觉和熟悉感觉。在真实的情境中，学生探究和解决真实问题时，体验、实践、实验、观察、领悟的过程，都伴随着真实的学习感觉。

第二级感觉：在分析问题中找到探究感觉。学生分析问题的过程，会遇到很多难题，需要请教、讨论、翻书、思考等，还需要学科思维方法，如地理比较分析、综合分析、总结归纳等方法，最终解决问题。学生亲身经历这个探究过程，体验了各类探究方法、学习方式的感觉和技能。

第三级感觉：在活动中找到认知感觉。学生学习的过程就是体验“做中学”的过程，从而经历了由现象到规律的认知过程，它带来的感觉是：由对现象和问题的神秘感、好奇感，经过系列活动探究，转为对获得结果的成就感和满足感，促使学生找到认知规律。

> 中美学生不同的学习活动带来不同的认知感觉。为何中国学生口算能力比美国学生强？本人到美国访问时，在大街小巷经常能够看到美国青年在卖商品时，都要用随身携带的计算器给顾客算账。而在中国街头，中国小伙口算能力相当强，不用计算器也能算正确。为什么有这样的差异？原来，美国学生学数学，只需要知道怎么算就行了，不需要熟练的口算能力，平时计算都离不开计算器；而中国学生相反，只需要知道怎么使用计算器就行了，平时计算和考试不允许用计算器，只能靠笔算和口算。所以结果是：中国学生口算能力比美国学生强。这说明，不同的学习活动，会带来不同的学习结果，有不同的认知感觉：美国小伙动手能力强，有实践活动上的感觉；中国小伙动脑能力强，有分析推理思维上的感觉。

第四级感觉：在表达中找到学术感觉。专业表达的感觉就是记忆、理解、体验、感悟、运用和组织专业术语的感觉。地理专业表述需要横向思维和纵向思维。前者要求从各个角度，后者要求深入思考，有因果逻辑。如阐述黄河流域综合开发利用的方向，在专业表达上有两个角度：横向思维上，可以从上游、中游、下游上说明；纵向思维上，要说明理由。如上游的开发利用方向表述是：因为落差大，水流急，水能资源丰富，可开发水电；中游因为滥垦滥伐，水土流失严重，应该采取工程、非工程措施，特别是植树种草、退耕还林还草，可以有效保持水土；下游开发利用方向是：因为中上游水资源利用多，导致下游长时间断流，所以应该统筹上游、中游和下游用水，全流域综合用水。

4. 在场性和体验性

在场感觉能够激发学生的好奇心和想象力。真实的感觉就是在场感觉，能够产生现场体验、现场领悟的感觉。在场感觉主要指两方面的感觉：一是学生在学习情境和学习过程中，发生感知、印象、情绪和思维等反应；二是事后反思、理解、提炼和概括当时在场时的感觉。这就意味着，在学生的在场感觉里，不仅关注具体表象，还要关注生活体验的本质。在场体验到的感觉使得我们感到真实和现实，并在大脑记忆中留下深刻印象。

5. 领悟性

学生领悟思路的感觉是一种重要的学科感觉。曾有一位大学生考教师资格证，询问我怎么说课。本人虽然当过多年评委，但确实不能给他什么参考建议，便领着他找了一些成功说课的大学生，这些大学生的经验非常好，他们把各版本教材都找来，每天晚上试讲一节，练教态和说课能力，不抱侥幸和猜题心态。这种做法比专家评委给出的方法还好。

四、正确辨别各类地理学科感觉

掌握重难点结论重要还是发展思维感觉重要？这就是知识和思维谁重要的问题，或者是知识教学效率与思维品质谁重要的问题。重难点内容往往是地理成因、原理规律等内容，属公认的学术性结论，一般较为概括和抽象。其教学目标会被认为是在将学生培养成为“学科专家”，或将其引向学科学术方向。但是，对于多数学生而言，课堂教学直奔重难点结论，省略了具体情境，学生缺少学习探究经历和领悟过程，缺失发现问题和解决问题所需要的思维能力。

解题感觉重要还是实践感觉重要？这是解题技能和实践技能谁重要的问题。中国科技大学原校长朱清时在创建深圳南方科技大学时，主张只招高二学生，而且中科大招少年班大学生，都只要求学两年高中课程。理由是：高三一年全部用来复习，学生只会背诵标准答案，机械训练记忆感觉和解题技能感觉，限制了学生创新能力；而高二结束正好学完新课，受上述限制条件较小。朱清时建议，大学教师可以直接带领学生搞科学研究，而不是只学教材上的理论知识。学生在研究中查阅大量文献资料，从文献中学到的知识肯定比教材要多得多。

学生感悟的思路重要还是教师思路重要？一位数学教师曾经说，他在给一位学生辅导数学时，这位学生埋怨教师道：“你应该按我感悟的思路来辅导我，按你们教师的思路来，我想不通你们的思路。”这位数学教师反思后认为，过于从专业角度、专家角度、过来人的思路角度、成熟者角度来训练学生，强行将学生的思路引向专家思路，学生没有经过自己的体验感悟，不可能理解别人灌输给自己的想法和思路，更不可能内化于学生的经验和知识体系中。所以，我常问有疑问的学生：“你不理解的地方到底在哪里？”只有了解学生思路“卡壳”的地方，变专家思路为学生思路，才能知道学生哪方面知识、经验和能力存在缺陷，应该及时查漏补缺，对症下药，使学生真正找到学习地理的感觉。

五、读懂学生“地理学科感觉”的常用方法

地理教学中，有些教师往往忽视学生的地理思维表现。主要原因是教师没有研究学生，没有发现和准确读懂学生在地理学习中的真实感觉和意思表示，即没有读懂学生的“地理学科感觉”，有违以生为本的教学理念。读懂学生“地理学科感觉”有以下两种常见的方法。

1. 追问法

学生解决地理难题时，教师不急于按自己预想的思路诱导学生思考，而是先让学生独立思考、合作交流，观察学生学习表现，在获得实际信息后，可以追问学生在解答问题时遇到的困难和错误，引导学生在自主探索过程中，说出遇到的错点和疑点，了解其真实的想法及其来源，使其主动觉察到思维“卡壳”的地方，依靠自己的经验和智慧突破难点。这样做，能够根据学生的“地理学科感觉”灵活调整教学策略，避免因主观武断而造成教学失误。

2. 作业分析法

有时教师问学生是怎么想出这个答案时，有学生说“靠感觉”“瞎蒙的”。这样的回答不可能使教师获取准确的信息。要想获取有用的信息，可以通过观察和分析学生的试卷、书面作业、板书等书写类作品，从中能够看出学生在思路上、理解上的缺陷，知道在哪些方面指导和强化学生的学习。

第四节　培养学生地理学科感觉的主要途径

现今地理高考试题和平时教学，可能没有顾及学生个人学习地理的感觉。地理学科感觉就是学生在学习过程中的感受、体验与领悟，包括获得地理学法、学习情感、学习信心等的感觉。

一、学生没有地理学习感觉的主要原因

我们在地理教学中，有时没有充分关注学生对地理学习的感觉。主要有以下三方

面的体现。

1. 高考没有顾及学生学习地理的感觉

本人曾参与高考地理命题的审题工作，在设计答题卡时，提议将问答题的答题区域扩大，多画几行线。理由是：传统设计是根据问答题标准答案字数所占长度来设计填空题线条长短；但是在阅卷中我们发现，学生按自己对地理情境的认识、理解和感觉，一般会写很多，并非与标准答案字数接近。

高考后，省内有一大市教研员指出地理答题卡问答题区域给的画线太长太多，使得答题卡两面都是这些下划线，而其他各学科基本与标准答案实际字数所占的长度相近，唯独地理试卷特殊。我当时没有反驳。后来，我与基层地理教师交流时，他们说，不同的学生写的答案字数不一样，不可能写出与标准答案字数相当的文字；而且每人写字大小不同，占用画线长度也不一样。如果真是根据标准答案字数来确定填空题下划线长度，有的考生据此可能猜出标准答案是多少字。这种答题卡设计是不科学的，不科学的原因显然是没有考虑到学生对问题认识的感觉与命题专家的看法是不同的。

2. 平时教学没有顾及学生学习地理的感觉

标准答案都是学科专业化术语。但是，我们在平时批阅练习和课堂提问时，学生对问答题的回答都夹杂着自己的感性认识和内心感觉，并非都是标准的学术化语言。本人平常参与的高中各年级期末统考和高三统考阅卷，知道阅卷教师主要看学生写的问答题答案是否有标准答案中的术语，没有这些术语，一般不给分。有时学生写出术语的同义词或近义词也不给分。这种阅卷方式实际上是用地理学术的标准来衡量学生的地理水平，将地理教学引向不合理的方向，那就是将全体学生培养成会说地理专业术语的地理专家，这是一种精英化的培养方式。但是，实际情况是只有极少数学生将来能成为地理专家。

我们平常教学都是直接拿学术感觉的标准来衡量学生学习地理的水平，似乎学生一开始学习地理就必须达到学术感觉的标准。为此，教师不得不强行灌输地理原理规律。通常学生初次学习地理某个概念、原理，有自己对地理概念原理的原始感觉，必须调动着自己的经验和原先储备的知识来体验和领悟。

3. 学生体验感受活动少，是学生创新能力低的主要原因

学生缺乏创造能力，与我们强化书本教学有关。我们平时的教学，就是把教材上的结论教给学生，将掌握结论的效率高低作为衡量课堂教学的标准，于是课堂教学变成了学生纯粹观看课件和做纸上练习的过程，从而忽视了一个客观事实：学生真正掌握知识的过程，是将知识内化在自己的体验、经历、经验和感悟之中，这就需要学生亲自参与实践活动，体验、领悟知识从本源而来的发生、发展和生成过程。学生理解知识的来龙去脉，也就能预测其变化过程和可能的发展趋势。

北大教授郑也夫说："严酷的考试竞争恶化了学习过程，也恶化了学生的心态。此一过程封闭了少年感知科学与社会的触角，几乎吞噬了他们的全部精力。"

二、培养学生地理学科感觉的第一大途径:分层领悟

地理学习感觉是学生对情境、问题、活动、表述分级分层领悟的感觉。学生在经历解读情境、分析问题、开展活动、表述地理结论后,获得对地理情境、问题、活动和结论感知的学科感觉。

情境是学生学习地理的第一层感觉,称情境感觉;在解读情境的基础上分析问题,形成第二层感觉,称为问题感觉;依据问题开展活动,通过体验和感悟形成第三层感觉,称为活动感觉;在经历解读情境、分析问题、开展活动后,总结出带有个人感觉的地理结论,形成第四层感觉。

构建对地理学科学习的感知感觉体系,引导学生运用感觉学习地理。这种感觉外显方式有以下几种。

(一) 第一层感觉:感知情境的感觉

1. 设置地理真实或模拟真实的情境,使学生经历着体验的感觉

改变地理学习方式,根据学生的心理发展规律,联系实际安排教学内容,引导学生从现实生活的经历与体验出发,激发学生对地理问题的兴趣,培养地理学习能力,鼓励积极探究,使学生了解地理知识的功能与价值,形成主动学习的态度等等。

多种多样的情境,包括乡土情境、生活情境、校园情境、现实情境等,学生接触后,会对相应的情境产生个人感觉,如乡土感觉、生活感觉、现实感觉、校园感觉、家国情怀、人际和谐感觉、专业情境感觉等,以及学习地理过程中产生的兴趣感、神秘感、探索感、成就感。

如利用文学情境感知地理与文学融合的感觉。常言道:如果一个诗人不用感性思维写诗,就不能成为一个诗人;如果一个数学家不用理性思维,就失去了数学的魅力。所以,可以利用感性思维来创设地理情境。如用诗句"一山有四季,十里不同天"来描述垂直地域分异规律;可以将此句诗稍加变换,如诗句"沿海有四季,内陆不同天"能描述从沿海到内陆的分异规律;而"南方有四季,北方不同天"可以描述从赤道到两极的分异规律。这是利用同一诗句的关键词,从不同角度分别看待不同地域分异规律,给学生不同的文学心境,起到意想不到的神奇感觉效果。

2. 感知分级情境所带来的学习感觉

(1) 分级情境带来分级的学习感觉。新课标把情境分成不同的级别。学生学习地理经历的情境过程是:先经历熟悉、简单的情境,再到复杂、现实、陌生的情境。个人认为,可以明确将丰富多样的情境分为初级情境、中级情境和高级情境。

初级情境为熟悉的、简单的情境,多为日常生活情境和身边情境;中级情境多为邻近、周边的乡土情境,或者半熟悉半复杂情境;高级情境为陌生、复杂、现实的情境。

不同级别的情境给学生的感觉不同,深入探究级别越高的情境,学生对地理的感觉程度越深。

印随感觉来自初级地理情境。基于初级情境来认识地理概念和原理,更容易被学生记忆和理解。

关联感觉来自中级情境。中级情境是初级情境与高级情境之间的过渡情境,学生在中级情境中学习,会渗透对地理学习的感觉,它是个人感觉和地理学习的综合体。

学术感觉来自高级地理情境。高级情境用来提高学生对学术感觉的认知水平。高级情境有图有文,多为陌生区域或陌生信息。

(2) 据分级情境设计分级的试题情境。高考地理试题情境属高级情境。高考试题中原创题较多,其情境一般材料新、图像新、问题新、答案新。新的问题情境,能激活学生的创新思维。揭示原理、体验过程和鼓励创新往往是试题命题的主要目的,是较高水平的考查要求。

但有经验的地理教师会发现,本省的高考地理命题,一般避免将省内某一区域作为地理情境,这种命题方式对省内所有区域的考生都是公平的。原因是:如果考查省内某一区域,对该区域考生而言,试题情境可能是熟悉情境;而对省内其他区域考生来说,则可能是陌生区域,属于复杂情境,那就不公平了。由此也验证了一个结论:区域情境是分级的,分熟悉和陌生情境。高考是选拔性考试,所给情境较为复杂和陌生,需要学生深入、细致地解读情境,最终熟悉情境,这就是所谓的精心审题,因而提高了难度。这说明高考地理试题情境属于高级情境。

学业水平测试情境属于中初级情境。学业水平测试题主要考查学生的学业水平,只要求学生成绩合格就行,因而所给情境较为简单和熟悉,不需要学生有过深过细的解读。因此学业水平测试题的情境属于中初级情境。

3. 不同尺度区域情境带来不同地理学习感觉

不同尺度区域结合给学生带来不同的学习地理的感觉。一位学者说过,先认识身边情境,更容易认识世界奥秘。身边小尺度区域情境就是初级情境,是学生日常生活的熟悉、简单情境;邻近学生身边的中等尺度区域情境是中级情境,是学生半熟悉、半复杂情境;远离学生身边的大尺度区域情境是陌生、复杂情境,属高级情境。从近区域类推到远区域、从小区域延伸到大区域、从熟悉情境推理到陌生情境,就是印随感觉到关联感觉再到学术感觉的体验过程。

(二) 第二层感觉:感知问题的感觉

问题设计体现三个阶段的地理学习感觉。学生分析初级、中级和高级问题,分别是印随感觉、关联感觉和学术感觉的体验过程。如探究、迁移和拓展性问题就是高级地理问题,是学术感觉问题。所设计的问题必须是学生感兴趣的问题、热点问题、现实问题,满足学生内心学习的需要。

设计开放性问题,引导学生敢于说出自己的思路、想法和感觉。各版本教材几乎每节都有要求学生提出自己看法的问题。在学生说出自己的想法后,运用思维结构来评价其思维的全面性、综合性,正面欣赏其内心对地理观点的不同看法和感想,纠正偏离地理思维的想法和概念。

(三) 第三层感觉:感知活动的感觉

分级的问题和活动带来三大学习感觉

初级、中级和高级学生活动,分别是学生对印随感觉、关联感觉和学术感觉的学习领悟过程。

如本人曾开设过一节洋流公开课,课堂上对大西洋洋流分布规律设计的学生活动和问题是:

(1) 三组学生分别组成三个圆圈(纵向排列)表示大西洋上的三圈洋流,然后按不同方向旋转,演示大西洋三圈洋流的流向。

(2) 旋转停止后,每位学生说出所停位置的洋流名称,其他学生评价。

(3) 实例分析:1492 年哥伦布第一次横渡大西洋到美洲(走北部线路),共花了 37 天的时间。1493 年哥伦布第二次去美洲(走南部线路)只花了 20 天的时间就顺利到达,比第一次少用了 17 天。这是为什么?

【评价】利用学生熟悉的教室空间和学生活动场景,将活动与洋流运动联系起来,学生只要遇到洋流运动问题,就自然会想到这次的活动体验和感觉,使情境与地理专业理论融合起来。

第(1)项活动是印随感觉的体验方式。设计学生活动,建立学生活动场景,学生在合作活动中,演示和体验洋流运动方向和规律,逐渐获得初步经验和认识。

第(2)项活动是关联感觉的学习方式。将自身活动体验与地理规律(洋流位置和名称)融合起来,学生得出的是带有活动情境的洋流分布和名称。

第(3)项活动是学术感觉的分析方式。这是高考地理常见的问题。设计复杂的、现实的学术情境,包括文字、图示等,得出的结论是带有地理概念、术语和规律的专业化结论。学术感觉是在前两者感觉的基础之上形成的。

(四) 第四层感觉:感知地理结论的感觉

1. 学生表述地理结论带有个人感觉

学生按自己认为的结构方式、思维方式、思路、想法、语言,将地理教科书上的地理内容、术语,点缀上自己的情境和想法,变为自己内在的感知和感觉,变为自己逻辑结构的一部分叙述出来。如带有个性感觉观点的调查报告等。

2. 感知地理结论需要原因作为情境

原因是感知结论的情境。学生学习地理结论的真实感觉过程是:在理解和表达教科书上的地理术语时,总要带有情境性,带上自己的感性语言和对地理结论的推论,这就是地理结论的感想化、乡土化、生活化、具体化、形象化。例如,分析产业转移对本地有什么有利影响?学生一般不会直接写上“提高工业化、城市化水平”这些专业术语或教材语言,而是加上学生自己的经验和理解,带上具体的情境:“接受产业转移的地区,往往要建设一个工业园区。工厂迁过来,道路要修,厂房要建,职工宿舍要建,随后医院、学校等各种设施要齐备，基础设施逐步完善。于是，乡村地区变为城市地区，城市化水平就上升了。”学生叙述的具体情境就是术语“提高工业化、城市化水平”的具体原因，也是理解这些地理术语的具体情境。

具体情境对学生理解和记忆地理结论至关重要。本人曾选取高二两个班进行实验：在其中一个班，要求学生念 25 分钟的人口增长模式特点、人口问题、人口影响、人口对策，四部分内容各自孤立；之后抽查上次地理成绩不及格的五人，只有两人能答出来，三人答不出来。在另一个班先用 10 分钟将这四部分内容融合起来：大多数发展中国家的人口增长模式为传统型的“高低高”特点→人口问题：增长过快，青少年比重过大→影响：增大对经济、就业、资源、环境和交通压力→对策：计划生育；发达国家和少数发展中国家为现代型的“低低低”特点→人口问题：增长缓慢，老龄化严重→影响：劳动力不足，青壮年负担过重→对策：鼓励生育、接纳海外移民、延迟退休年龄。再给学生 10 分钟理解和记忆时间，然后再抽查五位学生，结果全部都能回答出来。后者效果比前者好的主要原因，就是将各部分内容相互关联起来，前一部分内容是后一部分内容的原因和情境，后一部分内容是前一部分内容推导出的结论。

3. 感知地理结论需要各部分内容互为情境

教材有关人文地理的区位因素叙述，都是将各因素孤立地堆砌起来，这需要学生通过联系丰富的乡土情境、生活情境等，按照自己的叙述方式和语言，将各因素按一定的逻辑结构串联起来，形成地理感觉。例如，教材和教师将亚洲水稻种植业的特点和区位条件分开来总结，学生会将两者孤立地看待，影响综合分析能力的提高。所以，引导学生将其特点、有利和不利区位条件三者内容融合在一起，相互联系，互为对方的情境，有利于学生综合分析思维的提升。有关亚洲水稻种植业特点的推理是：因为亚洲人多地少，所以选择单产高的水稻；亚洲基本上都是发展中国家，经济落后，所以科技和机械化水平落后，经营规模小；亚洲季风气候导致旱涝灾害频繁，影响水稻生长，所以水利工程量大。有关亚洲水稻种植业的区位条件的推理是：水稻种植需要很多劳动力，而亚洲人口多，劳动力丰富；亚洲种植水稻历史悠久，所以种植经验丰富；因为水稻喜湿热的气候，而亚洲东部、东南部和南部地处季风气候，夏季高温多雨，雨热同期，水热丰富。

三、培养学生地理感觉的第二大途径：综合领悟

所谓综合领悟地理的感觉，是指学生对“情境＋术语＋情感”的整体领悟的感觉。纯粹进行地理术语教学的课堂，没有渗透学生的感受和情感，没有相关情境支持，无法引起学生学习的热情和兴致。将学生的生活感受融进地理规律的教学，就是一种将情境感受与术语结合起来的关联感受。这就是教育与教学的关系。“就教学而教学，脱离教学而言教学，或是为了课堂抓课堂，囿于课堂论课堂，都在使教师和课堂渐渐远离学生的兴趣、态度、习惯、品格、思维质量和创新精神。”

下述就是地理情境、地理术语或地理规律原理与学生感受情感相融合的教学

案例。

1. 地理图示与爱情感受的融合

在地理情境中，如果一味展示地理学术情境，那么对很多学生来说，可能不符合他们的情感需要。所以，要在地理学术情境中，渗透某种情感，比如爱情。文学作品中，爱情是永恒的话题。学生正处于青春期，对爱情充满向往。某位教师在教学地域差异性时，就将爱情与不同地域的自然景观照片融合起来。以“美好的爱情就是美丽的风景”为题，让学生描述照片中情侣周围的风景特点，以及风景如何衬托两人的爱情。学生在欣赏风景的地域差异时，融入了对爱情的想法。让学生欣赏不同风景环境下的情侣照片，将爱情情感、风景图示情境与地域分异规律三者融合起来，让学生课堂学习心情达到了绝佳状态。

江苏省张家港市后塍高级中学孙德勤老师在教学人口迁移时，投影了一张照片，说：“图片上说的是王先生从外地调往爱人工作单位了，这是什么因素的影响？”一位学生支支吾吾说不出来，旁边的同学冲口而出：“因为爱情！”学生们大笑起来。

课后这位教师感慨道：说出“因为爱情”的学生，把时尚的词语从生活带进了课堂，激起了一池春水，课堂有了一丝生机。这一切，都是因为该生说出了自身对该事情的生活感受，感受是理解该现象的前提和基础。因为爱情，而有了我们；因为爱情，而有了世界上一种最美、最浓的感受。人口迁移有诸多原因，完全可以都用“因为爱情”来解释。爱情故事创设了时尚的人口迁移情境，带给学生一种清新的感觉。

2. 自身经历感受与地理术语的融合

学生讲述自身经历，与同学们分享感受，从而达到共鸣。某位教师在教学人口迁移内容时，布置给学生两项任务：一是要求学生说出自己家庭成员迁移及其原因；二是默写人口迁移的影响因素及地理意义。前者目的是强化学生对地理规律的感知过程，后者是要求记住结论，以便通过考试。其中第一个问题，一位学生说出自己家庭的经历引起了其他同学的高度关注。他说：“爸爸是安徽人，妈妈是江苏人，是因为更高收入的工作才迁移过来。我都不知道自己是哪里人了。”全班学生大笑起来。这是学生自身感受与地理规律融合起来，在大家愉快的共鸣中，理解了家庭、婚姻、经济因素综合对人口迁移的影响。

3. 地图与“穷图见匕”经历融合

化繁为简是学生在复杂情境中学习的主要能力。学生经历“穷图见匕”的过程，就是化繁为简的过程。地图是地理最常见的图示之一，也是一种复杂的地理情境。小比例尺地图上各类信息十分详细，大比例尺地图上各类事物较多，这些多样化的信息都对学生判读地图产生干扰。学生感觉阅读地图分析区域特点非常困难。因此，为了读取地图上的有用信息，建议从以下两方面训练学生。

(1) 指导学生经历“穷图”过程，获取区域整体特征。开始读图时，宜“穷尽”图中各方面信息。地理系统是一个开放的复杂系统，地图是其典型表现之一。学生读地图时，要求自问一些问题：图示地区是什么；图上有哪些地理事物，各有什么分布特点，如河流、植被、城市、交通等在分布上有何特点；图上它们之间有什么联系，如城市与交通、农业与气候等在分布上有何关系；该区域与其他区域有何异同点；等等。运用综合分析、比较方法，由表及里，全面认识区域特征，认清各要素间的内在关系。学生在分析地图过程中，逐步体会地理读图的过程，领悟地理读图的方法、技能。

(2) 引导学生经过"见匕"活动，解决区域具体问题。"穷图"之后就是"见匕"。当理清了地图上复杂的信息后，再结合实际问题，从整体到局部，从复杂到简单，精准读取有用的信息。如分析长江中游洪灾主要成因，应该将图中与水灾有关的信息单独挑选出来，如河流（曲折、上游来水多）、地形（低平）、气候（夏季降水多）、人类活动（围湖造田、破坏植被）等因素被挑选出来，重点分析。

4. 地理绘本与感觉的融合

学术式的地理图示太单调，给学生压力感。而绘本能够强烈吸引着学生，增加学生的身心体验。所以，地理图示可以绘成绘本式，画面生动活泼、不拘一格，有生活情调。绘本式的图示再配上形象化的生活语言，更是让学生爱不释手。一位地理教师在课堂教学上，展示了相关绘本画面和相应地理问题：将亚欧两洲绘成连体兄弟，教师在描述亚欧两洲差别时，可以说"亚欧两洲竟然是连体兄弟，差别还这么大"；将塔里木盆地的水系绘成正在排队的人群，教师在描述塔里木盆地河流形状时，提出的问题是："这些河流，是四散奔逃，还是大势所趋？"这种非正规的方式将地理专业知识通过绘本情境表现出来，使学生在学习过程中，心情保持着愉悦、快乐。这就是学生对"情境＋术语＋情感"整体领悟的感觉。

5. 地理规律与浪漫感觉的融合

知识有它理性的一面，也有它感性的一面；有其枯燥的一面，也有其生动的一面；有被学生死记硬背的"悲惨命运"，也有被学生加以润色的幸福时光！知识好比大自然，就看你怎样与它相处了！上海市向明中学地理教师王琰老师被誉为"地理浪漫语录"的实践者。他布置给学生的创意作业是：将地理知识以浪漫的词语表述出来。他在网络上介绍这一做法，博得了众多地理教师的称赞，被称作地理教学的创新之举。有教师认为，户外地理教育需要浪漫语录，它可以提高学生情商智商，减少地理知识的枯燥乏味，增加文学味，学生学地理变得有趣；学生在创作过程中，需要将地理知识融会贯通，结合自己的文学功底和自我感想，运用最"浪漫"的情调表达出来，自我提高地理审美意识和审美能力。王琰老师在网络讲座中，给听众展示了一些学生充满浪漫情调的地理作品：

> 喜马拉雅山的成因：如果你是欧亚板块，我是印度洋板块，我们紧紧相拥，感天动地，只为了巅峰。
>
> 渔场分布成因：你是日本暖流，我是千岛寒流，我们幸福地在北海道养了一群鱼。

国际日界线:我和你在同一个时区,却有一辈子的时差。

亚洲季风成因:我总是在夏季以夏威夷式的热情拥抱你,你却在冬天给我带来西伯利亚的冰冷。

大气保温作用原理:我是一朵云向你飘来,白天不再让你炽热不安,夜晚不觉让你严寒难耐。

第五节 培养学生地理创新感觉的主要途径

在新课程改革中,培养学生的创新能力成为一个极为重要的方向。学生上述所有感觉中,创新感觉最重要。根据上述感觉的特性和三种感觉品质,本人提出了培养学生创新感觉的途径。

一、学生的实践感觉胜过理论感觉

引导学生做中学,使之体验和领悟对地理学习的感觉。建构主义认为,教师应当扮演知识学习的引导者而不是灌输者,通过指导与督促学生自学和独立思考来建构相关知识,提升学生的自主创新能力。知识内化历经外显—内隐—外显—内隐—内化五大时段,呈螺旋式上升。

无论学生阅读教材上的平面知识和平面图示,还是观看微课视频中的立体图示、动态视频和动画演示,都是通过视觉和听觉刺激进入学生大脑的,这是常规的学习活动。而设计学生动手、动身的活动,教师“导”,学生“演”,能够使上述一维与三维感觉和知识真正转换为现实的力量。学生学到的书面知识实际上属于“空中楼阁”的知识,需要一定的记忆力方能掌握。但如果学生通过动口、动手、动身等演示活动,将纸上平面的知识和虚拟思维转化为现实的、身边的空间思维,能够在活动中建构自己的知识和能力。

二、学生有了探索感才有成就感,教师不可包办代替

放手让学生开展自主学习活动,大胆表达自己对学习地理的感觉。让学生自读自讲自画自写自说,包括尽量让学生阅读,尽量让学生讲出来,尽量由学生去读图和画图,结论尽量由学生去书写和总结。如学生自画思维导图、概念图形式,按照自己的理解形式和内涵,呈现自己的逻辑思考过程。学生在此过程中,调动身心感觉,领悟地理概念和原理,将新知纳入到自己的旧知和经验中,建立自己新的知识和能力体系,并在此探索过程中,可能会有新的发现。学生由此获得学习地理的成就感。

三、培养学生的问题感觉,而不是结论感觉

在教学中,培养学生创新能力的突破点到底在哪里?如果将重难点结论直接告诉

学生,学生就没有好奇心的感觉,也没有学习和探究的兴趣。一位诺贝尔奖获得者发表获奖感言说,他感谢他的一位老师,这位老师从不告诉他问题的答案,他才有强烈的好奇心来探究问题。再如,如果将魔术的秘密告诉观众,观众会觉得表演魔术真没意思,也失去了好奇心和神秘感。不直接给学生答案,使它充满神秘感,学生才有好奇心去探究去学习,也才有学习的兴趣。所以,好奇心和想象力的感觉是创造的动力。

四、关注学生个性化、差异性学科感觉,而不是僵化的学术感觉

僵化的表述方式禁锢学生的地理学科感觉。传统的地理专业表述,往往按书面语标准叙述,表达方式千篇一律,不带有学生个性化理解的语言。体现在学生书写问答题答案上,一般要求严格写出地理概念、术语,不对不给分,由此使学生死记硬背标准化的专业性结论。

重视学生个性化的地理学科感觉。学科术语的运用是学生探究的结果,与之意思相同的表达方式多种多样。有的学生在探索问题的过程中已经悟出了现象背后的本质内容,但不一定能用与教材完全相同的语句表述出来,教师必须懂得学科术语、语句多样化的呈现方式,辨出学生所使用词语的内涵。不能想当然地认为学生所用词语不含学科术语就判错。教师应能抛开学生所述语句不恰当的表面意思,发现其中隐含的智慧,趁机引导学生用更合适的语言叙述自己想法。关键是建立科学的评价机制。

平时的检测和评价,更要关注学生个性化、差异性的学科感觉。下面是近年江苏多个地区高三地理第二次调研考试的一道问答题。

高三地理第二次调研考试试题

阅读下列材料,回答问题。

材料一　盐湖是含盐度很高的湖泊,矿化度大于35克/升。盐湖是湖泊发展到老年期的产物,它富集着的多种盐类是重要的矿产资源。智利阿塔卡玛盐湖已经成为世界最重要的锂盐和其他盐类生产地。

材料二　下图为“世界主要含卤水锂矿的盐湖分布图”,下表为“世界主要含卤水锂矿的盐湖相关数据统计表”。(此处图、表略去)

(1) 归纳世界主要含卤水锂矿的盐湖分布特点,并简述这些盐湖盐度高的原因。

(2) 分析智利阿塔卡玛盐湖成为世界最重要锂盐生产地的主要原因。

所给标准答案是:

(1) 分布特点:主要分布在南北纬30°附近的海拔较高的干旱(内陆)地区。原因:属内流湖;气候干旱,蒸发旺盛,盐分不断积累。

(2) 锂矿储量大;品位高。

教师在批阅试卷时,一般情况是:看学生答案中有没有标准答案中的专业术语关键

词，有就给分，没有就扣分。

第(1)问关于分布特点的标准答案有三个术语的关键词：南北纬度30°、海拔较高、内陆或干旱区。但是我们在阅卷时，南北纬度30°基本上没有一位学生写出来，难道就不给分吗？我们商量的结果是：遇到学生不写关键词或不写专业术语，这样写也给分：北纬30°～40°和南纬20°～30°、高山高原地区、大陆内部。实际上学生都是根据图示情境写出来的，带有情境意义，也是正确的。

关于“原因”的标准答案关键词是两个：属内流湖和蒸发量大。我们的阅卷结果是：99%的学生写不出内流湖这个术语；大部分学生只写蒸发量大于降水量(与蒸发量大相同)。所以，我们商量的结果是：如果学生写上地形封闭，与外界水分交换少，河流注入少，与内流湖意思相同，也给分。

第(2)问标准答案的关键词有两个：储量大，品位高。在阅卷过程中，没有一位学生能够写出“品位高”这个术语。我们改卷时就变通了一下：学生写出的锂矿丰富、锂矿含量高，与储量大是同一意思；大部分学生写出平均浓度大，与品位高也是同一意思。而能够写出“平均浓度大”则较普遍，因为在表格情境中就有“平均浓度”这个词。学生能够结合真实情境，写出自己所理解的个性化的有意义的语言，也应该给予正面肯定。

回想起本人在年轻时改的试卷，严格按照标准答案来改。现在看来确实不妥。

五、学生先领悟，教师后评价，而不是相反

引导学生在真实情境中经历自我领悟和探索的感觉，而不是由教师先入为主地直接将其引向设定好的思路。前者是学生的领悟感觉，后者是教师的评价总结。如何正确看待两者之间的相互关系？

一次，本人与一些外校高中教师外出学习。返途时，一位女教师向所有同行教师问了一个问题：结论是让学生自己悟出来好，还是让教师评价总结好？这个问题引起了本人的深入思考，于是当场发表了如下看法：这涉及课堂教学问题。学生的领悟过程也是一种探究的过程和体验的过程。学生领悟的感觉可以对所悟内容记忆和理解深刻，但有时候悟出来的知识和思路是零碎的、浮浅的，只能与当时的具体情境和具体问题相联系，迁移到新问题新情境的能力不够强。

教师的评价总结是对知识和思维的一种系统梳理和升华，可以将同类方法和规律提升到新的高度，可以迁移到新的问题情境中去。但为什么有时教师总结得很好，学生还是学不好？

一是教师先总结，学生后领悟。实际是先教后学。学生没有“悟”的过程，教师“评”的效果就不理想。

二是学生先领悟，教师后评价总结。即先学后教。学生先经过探索，悟出结论，再经点拨形成深入的思考。如果只注重教师总结，学生就没有学习积极性，陷入“满堂灌”的传统教学模式中。

如果让学生独立学习，学生做题慢，书写慢，发言慢，思考慢，不如由教师告知结论或由教师总结来得快。但学生学习速度慢，用时长，正是学生对知识、思维等自我感觉的过程，这有助于提高学习质量，而不是一味追求学习效率。正是学生有了自己记忆、理解、体验、领悟的感觉，方能逐渐内化成自己的经验、知识和能力。如果由教师将结论直接告诉学生，那只能强行向学生灌输结论，没有经过学生的思考和感悟这种自我感觉的过程，学生只能死记硬背。

因此，教学应该以学生领悟为主，以教师评价总结为辅。教育界经常说“好学生不是教出来的”，这句话背后的潜台词是“好学生是靠自己悟出来的”。所以学生领悟比教师评价总结重要。但是学生的领悟毕竟深度不够、系统不强，这就要求我们有目的地设计探究性问题，注意引导学生领悟的感觉，让学生自己得出我们要求的结论，教师主要任务是答疑解惑。

六、培养学生自信质疑的感觉，而不是迷信权威的感觉

本人在上学时就不够自信，更谈不上质疑了。1987 年上大学一年级，在学习《地质学基础》时期内，脑海中闪现出“人类世”的概念，认为地表到处都是人类活动的踪迹，这一地质时期应该叫“人类世”。但是，因为当时自己不自信，害怕与主流术语不同而不敢公开，只是随便与同学说出这个想法，没有对此进行深入研究和论证。1991 年参加工作后，在课堂上讲课时也向学生说出了这个概念，因为整日从事教学工作，也没有条件展开相关研究工作。2000 年，为了强调今天的人类在地质和生态中的核心作用，诺贝尔化学奖得主保罗・克鲁岑提出了“人类世”的概念。

本人的亲身经历说明，有了自信感觉才有质疑信心，自信是质疑的心理基础。而要使学生有质疑心理，必须鼓励学生发现和提出新问题，这是提高学生质疑和批判能力的前提。教师指导学生运用课题质疑法、比较质疑法、方法质疑法、因果质疑法、批判质疑法等系列质疑方法，再通过学生自我设问、生生相互设问、师生相互设问等方式，提高学生提出问题的能力，促使学生由机械接受向主动探索发展。

总之，培养学生实践感觉、探索感觉、问题感觉、领悟感觉、个性化感觉、自信感觉、质疑感觉等，可以大大提高学生的创新能力。

参考文献

[1] 佟柠. 支持问题解决的学习环境设计——以高中地理为例[J]. 基础教育课程，2015(24)：4－7.

[2] 中华人民共和国教育部. 普通高中地理课程标准(2017年版)[M]. 北京：人民教育出版社，2017.

[3] 郭芳英. 教学目标从"双基"到"三维"再到"核心素养"的变革[J]. 中学地理教学参考，2018(15)：18－20.

[4] 葛云云，沈华. 论数学核心素养下的高中数学课堂教学目标的制定[J]. 数学通讯，2018(06)：1－4.

[5] 潘祎文. 基于物理学科核心素养的教学目标设计——以高一物理"力的分解"教学为例[J]. 物理教学，2018，40(12)：17－19.

[6] 周长春，姚跃涌. 核心素养导向下教学目标的陈述——以"运动的描述"为例[J]. 教学月刊·中学版(教学参考)，2018(Z2)：29－34.

[7] 张飞. 指向物理核心素养的教学目标分析与设计[J]. 中学物理教学参考，2018，47(19)：1－5.

[8] 范泰洋，黄文斌，彭清思. 核心素养视域下的地理教学目标设计[J]. 课程教材教学研究(中教研究)，2017(Z6)：93.

[9] 任学宝，王小平. 普通高中育人方式转变的立足点和创新点[J]. 人民教育，2018(10)：17－20.

[10] 王美芹，吕良. 基于核心素养的高中物理教学目标设计——以自由落体运动为例[J]. 中学物理，2019，37(01)：26－28.

[11] 董姝娜. 中学地理课堂教学目标设计与表述[J]. 地理教学，2018(12)：23－26＋54.

[12] 董乔生，张建国. 基于核心素养的地理课程与教学目标表述[J]. 教育理论与实践，2018，38(02)：36－38.

[13] 戴申卫. 论高质量学科学案的编制[J]. 教学月刊(中学版下)，2011(01)：14－16.

[14] 蒋永贵. 指向核心素养的学习目标研制[J]. 课程·教材·教法，2017，37(09)：29－35.

[15] 范增博，杨德鉴. 建构"地理位置"教学目标测评标准的探究——以初中阶段地理位置内容教学目标为例[J]. 中学地理教学参考，2016(07)：41－43.

[16] 卢晓旭，陈昌文，陆静，贺子怡. 地理课堂教学目标设计水平评价指标体系的构建[J]. 课程·教材·教法，2018，38(01)：103－108.

[17] 林培英. 高中地理课程《地理1》的内容特点与目标分层[J]. 地理教育，2018(01)：4－6.

[18] 陈锋. 数学课堂教学目标叙写的探索[J]. 中学数学教学参考，2018(20)：60－62.

[19] 陈杰，陈良烟. 从"三维目标"走向"核心素养"——以人教版"自然地理环境的整体性"教学设计为例[J]. 中学地理教学参考，2017(03)：28－31.

[20] 李家清. 地理教学目标的差异性设计研究[J]. 中学地理教学参考，2003(11)：8－9.

[21] 李春艳. 站在学习者的角度设计一节课的教学目标——以地理学科为例[J]. 中小学教材教学，2018(08)：68－72.

[22] 黄大权. 教学目标"即时评价"实验与探索——"基于标准的阅读教学研究"探索[J]. 中小学课堂

教学研究,2018(10):30-34.
[23] 杨万扣."复盘式"评课的主要特点及价值取向[J].中学语文教学,2012(02):15-17.
[24] 王刚."复盘式"评课的操作流程及与传统评课的区别[J].中学地理教学参考,2015(23):47-49.
[25] 谭诚,高超."知识问题化"在中学地理学科教学中的运用[J].地理教学,2015(16):27-30+55.
[26] 陈杰,陈良烟.从"三维目标"走向"核心素养"——以人教版"自然地理环境的整体性"教学设计为例[J].中学地理教学参考,2017(03):28-31.
[27] 张安义.夯实思政素养培养的三大支柱[N].中国教育报,2019—04-24(5).
[28] 吴喆,何善亮.物理教学的"情境化""去情境化"与"再情境化"[J].物理教师,2017,38(11):21-25.
[29] 王刚.列举学校地理课程资源的实际利用[J].地理教学,2014(14):35-36.
[30] 王刚,李树民."多媒体地图"的制作和运用[J].中学地理教学参考,2009(Z1):35-37.
[31] 王刚.三类地理案例分析的最佳组合探索[J].中学地理教学参考,2014(09):24-26.
[32] 谈婵荷.高中生解决情境性化学问题的初步研究[J].化学教与学,2016(10):30-32.
[33] 艾静,张军朋,熊建文.物理核心素养视域下的问题情境化层级结构的建构及应用[J].物理教学,2018,40(10):14-17.
[34] 张白峡,刘光文,陈文.中学地理课堂有效问题设计与实践应用——以能源资源的开发为例[J].教育科学论坛,2018(10):14-16.
[35] 邵英."问"在存疑处,"道"取获益中——对地理教学与测评中"问"的思考[J].中小学教材教学,2017(03):4-8.
[36] 张一弓.地理学习中"陷阱"问题剖析[J].中学政史地(高一),2007(11):29-31.
[37] 谭诚,高超."知识问题化"在中学地理学科教学中的运用[J].地理教学,2015(16):27-30+55.
[38] 沈朝伟.基于农业案例的区域地理情境教学的优化探究——从主题式试题到主题式教学[J].中学地理教学参考,2017(07):38-40.
[39] 林高明.深度学习推进深度课改[N].中国教师报,2016—01-20(004).
[40] 虞文君,汤国荣."情境问题探究式"深度学习课堂的构建[J].中学地理教学参考,2016(19):19-21.
[41] 甘露.例谈地理STSE课程问题情境的设置[J].课程教学研究,2016(07):67-70.
[42] 陈春芳.布卢姆认知目标新分类在高中思想政治教学设计中的应用——以"国家财政"一课为例[J].中小学德育,2017(03):51-54.
[43] 熊国权.地理"结构"问题的教学探讨[J].地理教学,2012(23):17-19.
[44] 钱颖一."钱学森之问"本身就有问题[J].比较,2015(1).
[45] 顿继安.态度·方法·知识:教师"读懂学生"的三重路径——以数学学科教学为例[J].中小学管理,2017(03):37-39.
[46] 中华人民共和国教育部.普通高中地理课程标准(实验)[M].北京:人民教育出版社,2003.
[47] 姜怀顺.毫厘之间——由几个概念引发的思考[J].人民教育,2014(03):21-24.

后　记

2015年5月，江苏人民教育家培养对象第三期理科组在苏州开展的一次活动中，导师们给培养对象们提出一个问题："我是谁？我从哪里来？又到哪里去?"要求培养对象即兴发言。当时很多培养对象懵了：这怎么回答？难道说是先让我们报出自个姓名，然后说出自己家乡名字，最后再回到家乡去。这应该是问小孩的问题，为什么拿来问培养对象呢？培养对象都是从特级教师中选拔出来的，是学科精英。导师给培养对象设计这样的问题，一定有深刻的道理在里面。这就是哲学上的三大终极问题——我是谁？我从哪里来？我又到哪里去？

本人以前没接触过这样的问题，也没认真思考过。这几年才开始思考这个问题。结合本人的工作经验和实际教学现状，在思考链式教学方式的过程中，忽然发现：这三大终极问题不仅包含人生哲理，而且蕴含着深度的地理教学原理和理念。本人在撰写本书的过程中，从链式教学角度找到了哲学上三大终极问题的答案。

① "我是谁?"这是结果、结论，或者说是地理概念、原理、规律等。

② "我从哪里来?"追究结论的本源，即结论从哪来？应该从真实情境中得出结论。地理结论是由学生经过探究而得出的，学生用自己的语言叙述的结论，尽管不成熟，但绝不是专家总结好的课本上的结论。

③ "我又到哪里去?"回到解决真实问题及其情境中去。运用结论和探究的思维与能力，去探究、解决、解释地表存在的真实地理问题，包括自然地理问题、人文地理问题、综合地理问题，或者人口、资源、环境、发展问题。这是学生学习的最高目标和目的。

我们的教学太强调"我是谁"，而回避了"我从哪里来""我又到哪里去"。地理教学和考试，都是给予学生地理图示、表格和文字，这些实际上是半成品，是专家从纷繁复杂的地理事实中抽象出来的内容，学生只是起到归纳、概括作用，或者运用分析技能，并没有提升真正的研究能力。即学生回答了"我是谁"的问题，并没有解决"我从哪里来"的问题。这些图示、表格和文字材料是怎么来的，图示是怎么画出来的，是怎么统计出来的，表格文字是怎么计算得出的，查阅和参考了哪些材料，等等，学生不知道，也没有这方面的实践能力。实际上，这些信息或情境的获得，专家都已经做好了，学生要做的就是归纳结论、掌握结论。

地理链式教学中的"真实情境""问题链"解决了"我是谁""我从哪里来"的问题，"学生活动""获得地理感""重回真实情境"三链则解决了"我又到哪里去"的问题。

没有经过结构化处理的教学过程、教学要素等是纷繁复杂、零乱无序的。链式教学模式目的是有效整合教学各要素，形成从教学目标→情境→问题→活动→结果各环节互融互联互通的共同体和教学体系，确保各环节教学意图与核心素养目标的一致性，促进整个教学体系有序展开。

链式教学方式实际是一条发现地理问题和解决地理问题的可行路径，是一个创新程序。学生在现实中会遇到复杂的地理问题，要培养学生在真实情境中的地理问题意识，包括发现地理问题、提出地理问题的能力，这里包括情境和问题两个环节；然后设计解决方案，开展探究活动，这属于学生活动环节；活动结果要通过地理语言规范、科学、准确地表达出来，其地理水平以"地理感"或"地理感觉"体现出来，这就是活动成果感觉化环节。如果在地理教学中遵循链式教学方式，那么学生的核心素养就会得到明显提升。

链式教学方式实际就是深度教学方式。项目式学习、探究式学习、研究性学习等方式就属于深度学习方式，深度教学方式可以引导学生进行深度学习。深度教学体现在各个教学环节上，也应该达到应有的"深度"，那就是制定深度目标、创造深度情境、设计深度问题、施行深度活动、深度表达成果。"深度目标"解决三维目标的深度融合问题，体现核心素养的内涵；"深度情境"是真实的情境，并能够引发学生强烈的认知冲突，激发其探究兴趣；"深度问题"就是设计由浅入深的真实问题链，引导学生在解决问题过程中，达到一种心理境界和地理学术境界；"深度表达"观点必须是学生经过体验、体会和内心领悟后所表达出的地理成果，融合了个人主观创新的感觉和认识，建构了自己一套独特的地理知识体系和能力体系。深度学习就是目标、情境、问题、活动、成果达到深度融合的学习，能够形成相互联系的链式学习效应。

链式教学理念从地理学科本质角度和核心素养角度，解决了高中地理新课标理念如何落地课堂的问题，并提出落实的具体途径和理念。链式教学理念就是引导学生在情境中如何运用自己经验来发现问题、提出解决方案，积极投身探究活动中，亲身经历解决问题的过程，最后表达成果和感悟完整的学习过程。对于地理成果感觉化问题，本书只是重点从表达的视角和学术的视角，提出如何正确、科学地表达地理结论。关于学生对情境的深度感知、对问题的深度感知、自主和合作交流活动获得的深度感知、实践活动获得的深度感知等方面，本书对应章节都有提及，但深度有限，需要进一步探索。

学生的"地理感"或"地理感觉"应该包括两种：一种是公民素养式地理感，相当于地理学业合格测试水平；一种是专家学术式地理感，相当于地理学业选择测试水平。

有人认为，"地理感"是学生主观感觉，而且是用心理学上的"感觉"一词，本身就是一种模糊的判断，不能作为客观评价标准。实际上，美术上的美感、音乐上的乐感、语文上的语感等，都有自身的评价标准和实施路径。因此，可以借鉴其他学科的相关理念，丰富和完善有关"地理感"的理论和实践方式。